新・MINERVA
福祉ライブラリー
17

障害のある人が社会で生きる国 ニュージーランド

障害者権利条約からインクルージョンを考える

小野 浩 監修　障害福祉青年フォーラム 編

ミネルヴァ書房

はじめに

●日本の痛ましい事件と障害者権利条約の誕生

二〇〇六年一二月四日、滋賀県甲良町で四三歳の父親と一四歳・十歳の障害のある姉妹の無理心中による遺体が発見された。三年前に妻を病死で失った父と二人の娘たちは、寄宿舎やホームヘルパー、ショートステイなどの支援を利用しながら懸命に生きてきた。学校の連絡帳に休日の娘たちのようすを綴る父親の記録や、学校の運動会で、父親手作りのお弁当をひろげる仲むつまじい親子の姿からは、誰も痛ましい悲劇の結末を予想することはできなかった。

しかし二〇〇六年四月に施行された障害者自立支援法（現・障害者の日常生活及び社会生活を総合的に支援するための法律：以下、障害者総合支援法）による応益負担は、父親と娘たちをじわじわと追い詰めた。町役場の福祉課を訪れるたびに、「出費が痛い」とこぼすことが増えた父親は、同年一一月末、一二月一日からの訪問支援をすべてキャンセルした。そして、四日早朝に抱き合うように折り重なった三人の遺体が発見された車内には、「生活が苦しい」、「娘の将来が不安」と綴られた便箋三枚の遺書が残されていた（中日新聞、二〇〇六年一二月六日）。

ちょうど同じ頃、琵琶湖から一万一千キロ離れたアメリカ・ニューヨークの国連本部では、画期的な条約が採択されようとしていた。一二月五日には、障害者権利条約特別委員会の第八回再開会議が開かれ、条約起草委員会の最終調整案を採択し、その八日後の一三日、第六一回国連総会は、障害者権利条約をすべての加盟国一九二か国の一致で採択した。

国連としては一六年ぶりの採択であり、人権条約としては九つ目であるが、二一世紀最初の人権条約となった障害者権利条約（以下、権利条約）は、他の人権条約にみられない特徴と内容を盛り込んだ画期的な条約だった。

皮肉にも日本では、悲劇的な事件が起こり、同様の痛ましい事件が全国で頻発していた最中に、国連では、障害のある人たちの権利と世界水準の原則を謳った条約が採択されたのである。

●日本は権利条約をどのように受けとめるのか

権利条約批准の意思を表明し署名した国は、二〇一三年三月二〇日現在で、一九三の国連加盟国のうち一五五か国である。一五五の署名国のうち自国の国会決議を経て批准した国は一三〇か国に及んでいる。権利条約の草案・策定の過程で、また条約の内容に多大な影響を与えたニュージーランドは、二〇〇八年九月、二〇か国目に批准した。しかも二六もの国内の関連するあらゆる法律を改正・廃止等を経て批准した。

一方、未だ日本は批准していない。じつは二〇〇九年三月、日本政府・外務省は、権利条約の批准に着手しようとした。しかし、日本身体障害者団体連合会をはじめとする一三の障害者団体で構成する日本障害フォーラムは、拙速な批准にストップをかけた。「国内の法律を条約の水準に引きあげることが先決である」と、実質的な批准を主張した障害団体の求めに応じた政府は、異例にも、国会提案を控えた閣議の直前に批准提案を見送った。

二〇〇九年八月の政権交代を契機に日本政府は、権利条約の批准をめざした障害者制度改革を打ち出し、二〇一〇年六月には権利条約の批准を目標に、障害者基本法の改正、障害者自立支援法の廃止に伴う障害者総合福祉法（仮称）の制定、差別禁止法（仮称）の制定を二〇一三年までに順次すすめ、あわせて就労・雇用制度、所得保障制度のあり方などを抜本的に改めることを閣議決定した。政府が定めた権利条約の批准達成目標は、二〇一四年度末である（二〇〇九年一二月八日、閣議決定）。

二〇一一年、障害者基本法は一部改正された。二〇一二年、障害者自立支援法の部分的な修正を経て障害者総合支援法が制定された。差別禁止法（仮称）は、障害を理由とする差別の解消の推進に関する法律案（以下、差別解消法案）として国会に上程され、二〇一三年六月に成立したが、多くの課題を残した。はたして、権利条約の水準にかなう国内法の改正を経た実質的批准は可能なのだろうか。

●権利条約批准の意義を共有したい

ところで、権利条約に対する障害のある人たちの関心は高いものの、その家族や直接支援に携わる支援現場の職員の関心は、それほど高いとは言い難い。むしろ「難しくて、よくわからない」、「実際、どう変わるのかイメージできない」といった声がよく聞かれる一方、「日本の現実からは程遠い」という声まである。

本書は、国連が権利条約の議論を開始した二〇〇一年に、ニュージーランド障害戦略を策定し、国連での条約交渉の議論を常にリードし、国内にあっては関連法制度を見直し、二〇〇八年に権利条約を批准したニュージーランドの障害施策を紹介することが目的である。

もちろん、ニュージーランドを「理想郷」や「モデル福祉国家」として絶賛するつもりはない。厳しい経済状況は続いており、貧者や富めるものとの格差も存在する。支援の量が十分に提供されていない人たちがいることも事実である。

執筆者は、内閣府の「二〇一一年度　青年社会活動コアリーダー育成プログラム」でニュージーランドを訪れた障害当事者、教育・福祉の現場職員、行政職員、若手研究者など、青年実践家が主体である。だからこそ本書は、日本の障害のある人とその家族、関係者の関心に寄り添う視点から、観てきた体験としての権利条約を紹介することができると確信している。

●本書の構成と各章の特徴

本書は、序章及び終章と五章で構成されている。序章では、ニュージーランドの障害施策の特徴点を日本の施策との比較でクローズアップし、権利条約を簡潔に解説した。第1章は、ニュージーランドの社会保障や行政システムを中心に、その成り立ちと特徴を紹介した。第2章は、権利条約批准に至るニュージーランド障害戦略策定の経過とその内容を紹介した。第3章、4章、5章は、障害戦略と権利条約批准によって、障害施策の何がどのように変わったのかを紹介した。第3章は障害施策全体とニーズ評価システム、第4章は就労·活動支援、第5章は地域生活支援、医療・リハビリテーション、教育など、分野別に障害戦略後の施策の特徴を浮き彫りにした。そして終章では、権利条約批准に伴うニュージーランド障害施策の改革についての評価と、日本の障害施策への示唆をまとめた。

各章の執筆と編集にあたっては、法律や制度の解説が中心になってしまうため、できるだけわかりやすくするために、日本の施策や現状と対比しながら紹介することを心がけた。日本の障害のある人たちやその家族、支援に携わる人たちが、本書で紹介したニュージーランドのとりくみを通じて、体験としての権利条約が伝わり、権利条約を批准しその国の障害施策を改革する意義や視点を得る機会になれば幸いである。

二〇一三年六月

監修者　小野　浩

＊ニュージーランドの貨幣は通常NZ$と表記される。しかし読みやすさを重視して、本文では「ドル」と表記し、図表では「$」と表記する。なお日本円への換算はすべて一ドル＝七〇円としている。

目　次

第2章　ニュージーランド障害戦略とは

第3章　障害戦略によって改革された制度とニーズ評価システム

第4章　障害戦略によって改革された就労・活動支援

第5章 地域生活支援、医療・リハビリテーション、教育

終章　ニュージーランド障害施策の課題と日本への示唆

序　章

障害は社会との間にある

ノーマライゼーションといえばデンマーク、福祉国家のモデルといえばスウェーデンというように、とにかく日本では、北欧の障害福祉への関心が高く、書籍も多い。「北欧詣で」といわれるくらい視察・研修企画も頻繁に行なわれている。

それに比べてニュージーランドに対する日本人の関心といえば、一般的には羊が多く、ラグビーの盛んな国ぐらいで、少しかじっている人でも、先住民族マオリの存在と、大胆な行政改革を行なった国ぐらいの情報であろう。ニュージーランド南島の街クライストチャーチで、二〇一一年二月二二日にマグニチュード六の地震が発生した直後の三月一一日、マグニチュード九の東日本大震災が発生したことで、同じ巨大地震被災地としての関心は高まった。けれども、障害施策や福祉分野で大きな注目を浴びることは、これまであまりなかった。じつのところ筆者も、障害者権利条約の登場と二〇一一年の訪問まで、ニュージーランドはノーマークの国だった。

ニュージーランドは、古くは明治から大正時代にかけて「理想郷」として紹介されていた。その後、ニュージーランド研究者を中心に、同国の行政改革や社会保障制度の成り立ちなどが紹介されてきた。

一般的に最も注目されたのは、八〇年代の行財政改革であった。かつてアメリカのレーガン大統領、イギリスのサッチャー首相、日本の中曽根首相らが大胆な行財政改革を断行し世界を席巻させた八〇年代、ニュージーランドは、労働党の主導による行財政改革であったことが注目された。思い切った公的部門改革は、日本の行政関係者でも大きな話題になり、行財政改革を紹介した書籍は数多く出版されている。

しかしながら、ニュージーランドの障害施策を紹介した書籍は、きわめて少ない。学術誌等での研究論文はみられても書籍は皆無といってよかった。唯一、八巻正治の『羊の国で学んだこと』（学苑社、一九九五年）と、『アオテアロア　ニュージーランドの福祉』（学苑社、二〇〇一年）だけである。しかも二〇〇一年のニュージーランド障害戦略以降を紹介した書籍はまったくない。

序章では、「なぜいま、ニュージーランドの障害施策に注目するのか」について、その主な特徴の一部をピックアップして、日本の現状と比較しながら紹介する。なお、それら障害施策の詳細は第2章以降で後述する。

●難産の末に生まれた障害者権利条約とニュージーランド

国連で障害者権利条約（以下、権利条約）の制定が提案された当初、先進国を中心に「障害のある人の特別な人権条約は必要ない」という主張が、加盟国の大勢を占めていた。しかし二〇〇一年のメキシコ代表の提案と、それを支持する障害団体NGOの積極的なはたらきかけが各国代表に影響を与え、権利条約特別委員会が国連に設置された。ところが二〇〇二年に開かれた第一回特別委員会は、大きな進展もなく、障害団体NGOは「深い失望と不満」を表明した。

この流れは、二〇〇四年を起点に大きく変わった。権利条約特別委員会に作業部会を設置し、ニュージーランド政府委員であるドン・マッケイ（Don Macky）がコーディネーターに就いてからであった。ドン・マッケイのイニシアチブによって、作業部会には、政府代表だけでなく、障害関係NGOの代表が加わり、条約の原案となる議長草案をつくりあげた。NGO代表が条約の交渉に参画したのは、国連としてもまったく異例のことだった。

また、権利条約の主要な原則として盛り込まれた「他の者（障害のない人）との平等[1]」は、ニュージーランドからの提案だった。さらに、国連での定例の会議が終わった後も、ニュージーランド国連代表部の部屋に集まって、夜間ミーティングが開かれたといわれている。

このように、権利条約の誕生の経過や内容には、ニュージーランドが深くかかわり、同国の障害施策の中で培われてきた理念や考え方が、権利条約に大きく影響を及ぼした。むしろニュージーランド政府やドン・マッケイの積極的な関わりがなければ、権利条約の議論は各国政府の立場と思惑が絡み合い、議論は泥沼化の一途をたどってしまったのではないかとさえいわれている。

●国民の六人に一人が障害のある人

ニュージーランドの首都であるウェリントンの社会開発省・障害問題担当局を訪れた際に、筆者らはニュージーランドの「障害認定の基準」を尋ねてみた。

「精神や身体機能の障害があって、六か月間継続して社会生活上の困難が生じる人は、障害者として認定される」とのことだった。その根拠は、ニュージーランド公的保健・障害法で定められているが、「どんな疾患や機能障害を負っているかよりも、地域や社会での生活の支障や困難が継続してしまうことに着目する」という説明だった。ニュージーランドの障害出現率が一六～二〇％と高い水準にあるのは、そのためであり、国民の六人に一人が、障害のある人ということになる。ちなみに世界の平均は約一〇％といわれており、ニュージーランドはそれよりも高い。

それに対して日本は、障害別に福祉法が制定され、知的障害はＩＱ判定、精神障害は疾患種別とその程度、聴覚障害は聴力、視覚障害は視力や視界域、肢体不自由は肢体の機能の低下や麻痺の程度などの医学的な診断結果にもとづいて、障害が認定され等級が決められ、そして障害者手帳が交付される。障害基礎年金の等級判定も医学的な診断によっている。その結果、日本の障害出現率は五％ときわめて低く、国民の二〇人に一人と狭められてしまっている。障害指定されていない難病や発達障害のある人たちの障害が認められず、福祉の支援や所得保障等の対象から除外されてしまうのも、このためである。

障害認定の基準の違いは、何が要因にあるのかというと、社会モデルか、医学モデルかの違いである。日本は、医学モデルにもとづく障害認定制度であり、ニュージーランドは社会モデルにもとづくためである。社会モデルとは、障害を社会との関係で生じる障壁・困難に着目する障害観であり、権利条約で定義された。同条約の前文では、障害は、「障害者に対する態度及び環境による障壁との間の相互作用で」生じると定めており、また同条約第一条では、「障害者とは、身体的、精神的、知的または感覚的な障害を有する者であって、様々な障壁との相互作用により他の者と平等に社会に完全かつ効果的に参加することが妨げられることのあるもの」と定義している。

ニュージーランドは、権利条約の批准に伴って、法律の障害定義を、本人のもつ機能の障害と社会との関係において生じる障壁や困難であるとする社会モデルに改革したのである。

●支援の量の決定方法の大きな違い

またニュージーランドは、福祉の支援の量を決めるしくみにも社会モデルが貫徹されている。日本では、障害者総合支援法の前身である障害者自立支援法によって制度化された障害程度区分認定調査を経て、利用できる福祉サービスの種別と量が決められるが、それとどこが違うのか。

日本の障害程度区分認定調査は、**図表序-1**にあるように、医学モデルにもとづく介護保険制度の要介護認定項目を中心とした一〇六の調査項目によって行なわれる。調査項目の多くは、要介護認定をもとにしているため、認知と身体機能の低下度に重点がおかれている。この一〇六項目の聞き取り調査の結果がコンピュータによって集計され、第一次の障害程度区分一～六が決められる。その後、認定審査会で医師の所見が

図表序－1　障害程度区分認定調査とニュージーランドのニーズ評価の違い（要約版）

日本の障害程度区分認定調査（医学モデル）	
概況調査	・障害の種類，等級 ・収入の状況（障害年金，生活保護） ・施設入所，病院入院の履歴 ・就労や日中の活動の経験
要介護認定調査	・身体機能の障害程度（できる，できない） ・関節可動性，立位，座位，移動など ・食事，排泄，更衣（できる，できない） ・意思決定や伝達（できる，できない） ・視力，聴力の程度（見える，見えない） ・日課の理解や記憶（できる，できない） ・妄想，作話，徘徊，こだわり（ある，ない） ・金銭管理，買い物（できる，できない）
その他	・飲水，電話の利用（できる，できない） ・幻覚・聴，暴言・暴力行為（ある，ない） ・多動，パニック，自他傷（ある，ない） ・配下膳，掃除，洗濯（できる，できない） ・交通手段の利用（できる，できない）

ニュージーランドのニーズ評価（社会モデル）	
本人の情報	・障害の特徴と健康状態 ・同居者，住環境の適応
コミュニケーション	・意思を表現する力や利用機器 ・他者の意見を理解する方法
身辺の支援	・安全な食事・飲水の提供方法 ・尿・便意の伝達と排泄時の支援 ・生理の理解と必要な支援 ・入浴，睡眠時の必要な支援
家事や移動支援	・調理，洗濯等の必要な支援 ・金銭管理，施錠での必要な支援 ・家の中，地域，交通手段の支援
認知と行動支援	・問題行動の背景や理由は ・本人の安全確保に必要な支援
社会生活の支援	・友人との交流に必要な支援 ・文化，レク参加での必要な支援
本人の夢	・本人の夢や目標，将来の計画
支援者	・家族など日常の支援者の状況

○コンピュータによる１次判定（本人不在）	○未解決のニーズと支援の優先性の確認
○認定審査会による区分変更（本人不在）	○評価結果についての本人・代理人の同意
○区分１～６と支給量の確定	○支援事業者との交渉・支援計画の完成

反映され、本人の同意を得ずに、最終的な程度区分が決められる。その程度区分によって、利用できる福祉サービスの種類と量が決まってしまう。

それに対してニュージーランドでは、ＮＧＯのニーズ評価（アセスメント）とサービス調整（コーディネーション）を行なう相談支援機関が、政府の策定したガイドラインにもとづいて、障害のある人のニーズを評価（支援の必要性を評価）し、サービス調整（支援調整と交渉）を行なう。精神や身体機能の低下度ではなく支援の必要性を評価し、本人同意のもとでアセスメント報告書を作成し、福祉サービスの調整を行なっている。

ニーズは、障害のある人の生活状況によって異なるため、きわめて個別性が強い。しかし、日本の障害程度区分認定調査は、そうした個別性はまったく考慮されない。また本人の意向や結果に対する同意手続きも制度にない。

それに対して、ニュージーランドのニーズ評価は、個別のニーズに着目し、本人の意向を尊重し、同意にもとづいて、福祉サービスの調整・交渉を行なうという点では、まったく異なる制度といわざるを得ない。この根本的な違いも、権利条約を実質的に批准できるか否かに大きく影響しているといえる。

●無年金・無給付の人は一人もいない

オークランドの社会開発省の雇用・所得保障局（Work and Income）を訪れた際に、「ニュージーランドには、無年金・無給付の障害のある人はいますか?」と尋ねてみた。日本には、障害認定の段階で除外され、また制度の谷間におかれることで年金や給付を受けられない障害のある人が少なくないからである。

それに対して雇用・所得保障局の責任者は、「一人もいません。あっ二人だけいます。その二人は国籍が

図表序-2　社会開発省の HP の呼びかけ「どうか，コンタクトをお願いします！」（抜粋）

In financial hardship
If you' re struggling to support yourself or your family, contact us. We may be able to give you assistance, advice, or refer you to another agency.
Help if you need to pay something urgently
We may be able to help you pay for things or services you need urgently if you can' t pay for it.
Contact us
Everyone's situation is different. We're here to help if you need it.

http://www.workandincome.govt.nz/

ないのです」と回答した。

ニュージーランドでは、すべての未就労もしくは就労所得の低い障害のある人に対しては、障害給付と住宅手当、障害手当が支給されているのである。

もう一つ驚いた点が、この雇用・所得保障局のインフォメーションである。パンフレットやHP等のインフォメーションでは、「なんでもご相談ください」という姿勢で国民に呼びかけている。たとえばHPの「金銭的な問題を抱えたら」(In Financial Hardship) という項目では、以下のように呼びかけている（図表序-2）。

直訳すると、「あなたの必要に応えるために私たちはここにいる。すでに雇用・所得保障局からの所得保障を得ていても、いなくても、もしもあなたご自身が、またはあなたのご家族の生計維持のために闘っているのであれば、どうぞ、私たちにコンタクトしてください。なんらかの方法で支援できます。支援、助言、または他の政府機関にご紹介することもできるでしょう。だから、どうか、私たちにコンタクトをお願いします」となる。

全国約一九〇か所の雇用・所得保障局では、四四〇〇人のスタッフが相談や給付手続き、支援の紹介などを行なっている。障害給付の支給が十分な水準であるかどうかは後述するが、確かなことは、社会モデルにもとづいて認定されるすべての障害のある人たちが給付を受けることができるという点である。

●ニュージーランドと日本の所得保障の違い

ニュージーランドの障害のある人の所得保障制度は、障害給付と住宅手当を基本とし、それに障害手当が支給されている（図表序-3）。年齢や扶養児童の有無によって金額が異なり、住宅手当は住んでいる地域によって金額が異なる。図表序-4は、単身の障害本人を例に、ニュージーランドの障害給付・手当受給者と、日本の障害基礎年金・特別障害者手当の受給者を比較したものである（以下、基礎年金と障害手当と表記）。日本では、国民年金をもとに基礎年金が支給されている。二〇一二年度、一級年金者は基礎年金と障害手当をあわせて月額約八万二千円が支給されるのに対して、障害手当は重度者対象であるため、二級年金者は基礎年金のみの六万五五〇〇円である。

ところがこの支給水準は、日本の最低生活保障の水準である生活保護の水準を下回っているのである。また日本の基礎年金は、すべての障害のある人に支給されない。日本の身体障害のある成人は三五六万人で、そのうち基礎年金を受けていない人は一七・八％（約六三万人）であり、障害手当を受けていない人は四四・八％（約一五九万人）である。[2] 一方、知的障害のある成人は四一万人であり、基礎年金と障害手当を受けていない成人は八・九％（約三万六千人）である。つまり、三九七万人の身体障害・知的障害のある人の約一六・七％の人は基礎年金・障害手当が支給されていない、また約四割に相当する約一六二万人は、障害手当が支給されず、二級年金の月額六万五五〇〇円が唯一の所得保障となるであろうことになる。

さらに日本の基礎年金と障害手当は、二〇歳からの支給であるため、一八～二〇歳未満の障害のある人は、無年金・無給付の状態にある。

図表序-3　障害給付と障害手当の月額給付額　($)

支給対象・要件		障害基本給付 障害給付（税抜）	障害基本給付 借家手当	障害手当[1]	障害児手当[2]	月額合計	日本円換算月額（$=70円）
扶養児童なし	16～17歳	829.28	256	240.68		1,325.96	約92,817円
	18歳以上	1,024.76				1,521.44	約106,500円
	既婚者（世帯単位）	1,707.92	428			2,376.60	約166,362円
扶養あり	1人親世帯	1,346.60			181.36	2,196.64	約153,764円
	両親と児童一人以上	1,707.92	520			2,649.96	約185,497円

（注）　1）障害のある人本人に対する手当（所得制限あり）。
2）0～18歳までの障害児を扶養している親に対する手当（所得制限なし）。
2012年4月現在。

図表序-4　ニュージーランドと日本の障害年金・給付の比較

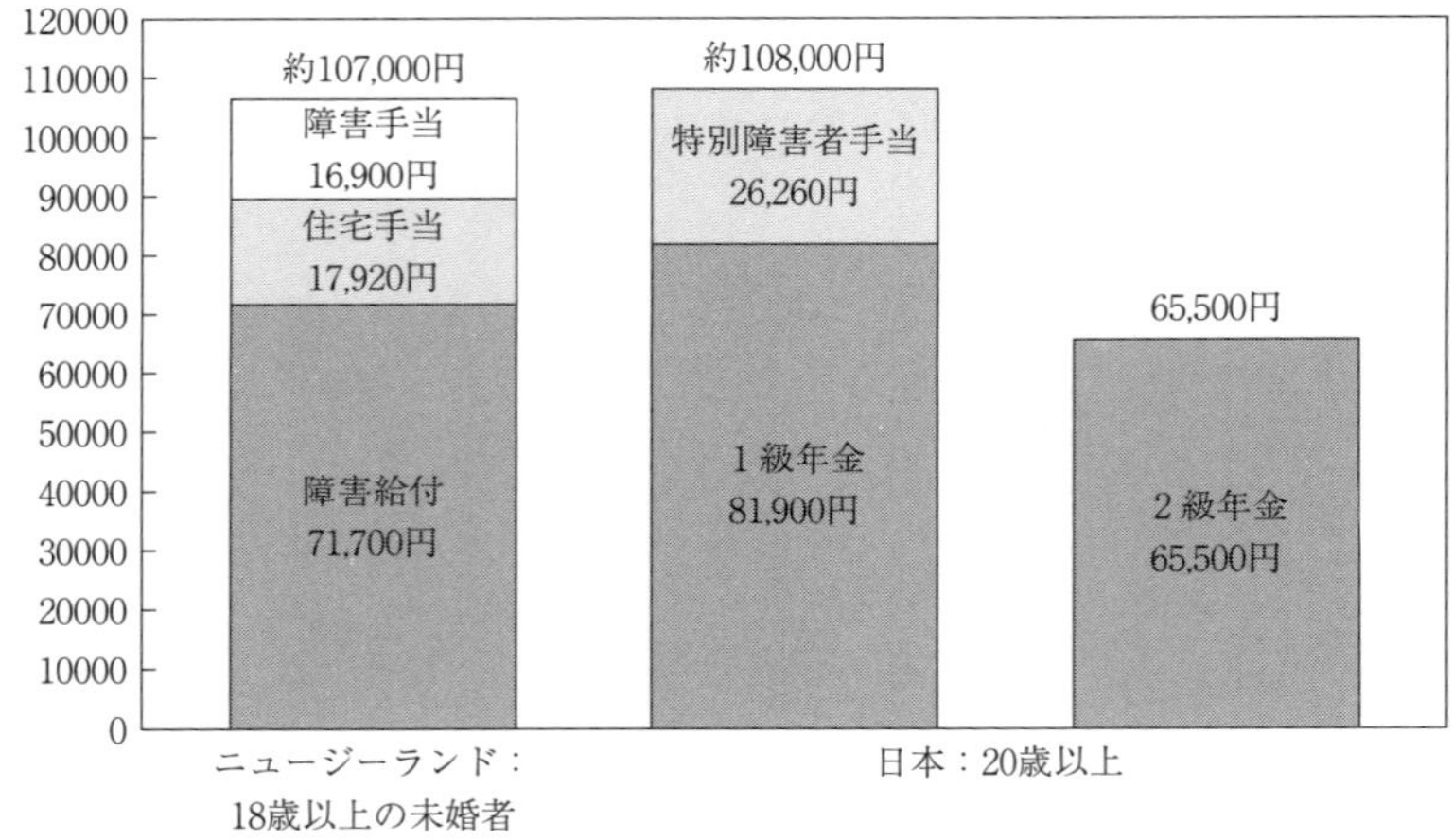

（注）　2012年4月現在。

それに対してニュージーランドは、一六歳から支給され、未婚の単身者の場合、障害給付・住宅手当・障害手当をあわせて約一〇万七千円となる。単純比較はできないが、地価や物価を考慮すると、ニュージーランドの方が一定の水準にあるといえる。

なおニュージーランドは、健康保険制度がないが、事故補償制度（Accident Compensation Corporation：以下、ＡＣＣ）という他国にはない独自の制度があり、労働災害や事故による障害で就労が困難な場合は、従前所得の八〇％が継続的に給付されるという制度がある。

●障害者権利条約とは、どんな国際条約か

さてここでは、すでにニュージーランドが二〇〇八年に批准し、日本が批准をめざしている障害者権利条約（以下、権利条約）について若干解説する。ニュージーランド障害戦略とそれにもとづく施策を理解するためには、権利条約の内容理解が必要だからである。

しかし、とかく国際条約や法律は文章が難解で、理解するのにとても苦労してしまう。そこでここでは、権利条約の大切なポイントを要約して解説する。

権利条約は、長い前文と全五〇条の総則で構成されている（図表序-5）。

前文は、二五項目に分けられ、以下の要点が盛り込まれている。

○国連憲章や世界人権宣言等にもとづき、すべての国々に呼びかけられた国際条約であること
○世界共通の障害の概念として、社会モデルを定義したこと
○障害のある人の自己決定は、自らの生活だけでなく、政府の政策や計画の策定にも参加すること
○障害による差別は、人種や民族、宗教、女性、子どもに対する差別とも重なり合うこと

図表序-5　障害者権利条約の構成と内容

	条約の構成と条文
前文	全体を25項目で構成し，国際条約としての位置づけ，障害の概念を定義，各条文の背景・根拠・目的を明記。
条約の骨格	第１条（目的），第２条（定義），第３条（一般原則），第４条（一般的義務），第５条（平等及び差別されないこと），第６条（障害のある女子），第７条（障害のある児童），第８条（意識の向上），第９条（施設及びサービスの利用可能性）
個別の権利	第10条（生命に対する権利），第11条（危険な状況及び人道上の緊急事態），第12条（法律の前に等しく認められる権利），第13条（司法手続の利用），第14条（身体の自由及び安全），第15条（拷問または残虐な，非人道的なもしくは品位を傷つける取扱いもしくは刑罰からの自由），第16条（搾取，暴力及び虐待からの自由），第17条（個人が健全であることの保護），第18条（移動の自由及び国籍についての権利），第19条（自立した生活及び地域社会に受け入れられること），第20条（個人の移動を容易にすること），第21条（表現及び意見の自由並びに情報の利用），第22条（プライバシーの尊重），第23条（家庭及び家族の尊重），第24条（教育），第25条（健康），第26条（リハビリテーション），第27条（労働及び雇用），第28条（相当な生活水準及び社会的な保護），第29条（政治的及び公的活動への参加），第30条（文化的な生活，レクリエーション，余暇及びスポーツへの参加）
条約の実施	第31条（統計及び資料の収集），第32条（国際協力），第33条（国内における実施及び監視），第34条（障害者の権利に関する委員会），第35条（締約国による報告），第36条（報告の検討），第37条（締約国と委員会との間の協力），第38条（委員会と他の機関との関係），第39条（委員会の報告），第40条（締約国会議）
条約を結ぶ手続	第41条（寄託），第42条（署名），第43条（拘束されることについての同意），第44条（地域的な統合のための機関），第45条（効力発生），第46条（留保），第47条（改正），第48条（廃棄），第49条（利用可能な様式），第50条（正文）

（注）　2009年日本政府仮訳版をもとに作成。

前文はこれらの定義を二五項目に分け、権利条約の背景、根拠、目的などを説明している。

次に、権利条約の骨格となる第一条から九条までと、地域生活や労働、コミュニケーションなど個別の領域での障害のある人の権利を定義した第一〇条から三〇条までである。第一条から三〇条までの条文の一つひとつは、とても重要な理念や原則を謳っているが、それらを横断する重要なポイントは、以下の諸点である。

○権利条約がめざしている社会は、障害のある人が、他の者（障害のない人）と平等に生きることができる、インクルーシブな社会であること

○障害とは、「目が見えない」「コミュニケーションが困難」など、本人の持つ機能の障害だけでなく、社会や人との関係において生じる障壁であること

○差別とは、障害そのものを排除する「直接的差別」、条件や状態によって結果として差別してしまう「間接的差別」と、「合理的配慮の欠如」の三つであること

○「合理的配慮」とは、障害によって生じてしまう不利益を解消することであり、そのための変更や改善、調整などを怠ることも差別になること

○手話や点字などの「非音声言語」も言語であること

最後に、第三一条から四〇条までの権利条約を批准した国が負う責任と義務、第四一条から五〇条の権利条約を結ぶ手続きについてである。

批准とは、自らの国の国会で決議することである。決議された権利条約は、その国の法律として位置づけられる。日本では日本国憲法第九八条で「締結した条約及び確立された国際法規は、これを誠実に遵守する」と謳っている。「遵守」とは、規則や法律を守り従うことである。つまり批准した国は、権利条約を自

らの国の法律とするとともに、権利条約と自国の他の法律や制度との整合性をつけることが求められる。

また政府の中に監視（モニタリング）機関を設置することを定めている。さらに批准した国は、国連に設置された障害者権利委員会に定期的に報告をしなければならない。国連の障害者権利委員会が求めた場合、少なくとも四年に一回は報告しなければならない。

ニュージーランド政府は、前文と全五〇条にわたる権利条約に即して二六の国内法を改廃し、二〇〇八年九月に権利条約批准決議を満場一致で採択し、同条約を国内法とした。

まとめ

序章では、「なぜいま、ニュージーランドの障害施策に注目するのか」を主眼に、権利条約制定にあたってのニュージーランドの果たした役割を紹介し、権利条約を批准したニュージーランドと、未批准国である日本の障害施策を比較しながら、注目に値する施策のポイントに的を絞って紹介した。

国連が権利条約を制定するにあたってニュージーランドの果たした役割はきわめて大きかった。またニュージーランドの障害施策を理解することは、膨大で難解な権利条約の条文理解を促すといえる。だからこそ、注目すべき国なのである。

また、ニュージーランドの障害施策の特徴は、第2章以降で詳しく紹介するが、序章では、第一に社会モデルにもとづく障害認定、第二にニーズ評価のしくみ、第三に所得保障に注目して、日本との違いを紹介した。ここで強調したい点は、社会モデルにもとづく障害認定が徹底されていることであり、それを前提とした生活保障給付制度である。社会保障の基本的なベースは所得保障制度にある。ニュージーランドは、障害施策だけでなく、すべての国民が等しく最低生活保障を営む権利を享受し、見捨てられることなく生活保障給付が支給される基盤があり、そのうえで障害のある人に対する所得保障制度が確立されている。ニュージーランドといまの日本の現実を比較したとき、両国の違いが浮き彫りになる。それゆえに、注目すべき点として紹介した。

（小野　浩）

注

（1）障害者権利条約の日本政府仮訳では、障害のない人の総称が「他の者」と訳されているが、本書では、「障害のない人」と表記する。なお厚生労働省調査の統計資料では、身体障害のある人は基礎年金と障害手当の未支給者を分けているが、知的障害のある人については基礎年金と障害手当の未支給者が合算されている。

（2）厚生労働省「身体障害児・者実態調査」（平成一八年）、「知的障害児（者）基礎調査」（平成一七年）、「社会福祉施設等調査」（平成一七年）より作成。

第1章

ニュージーランドの普遍的な
社会保障制度と行財政改革のいま

あまり知られてはいないが、ニュージーランドは世界に先駆けた法律や制度にとりくんできた国である。一八九三年に世界初の女性参政権を実現したことは有名だが、それだけにとどまらず、一八七三年に世界で初めて女子の八時間労働制を制度化し、一八九四年には世界で初めて最低賃金制度を実現した。そして一九三八年には、世界で初めて普遍的な社会保障法（以下、一九三八年社会保障法）を制定した。一九三八年社会保障法は、イギリス福祉国家の礎となった「ベヴァリッジ報告」や国際労働機関（ＩＬＯ：International Labor Organization）の「社会保障への途」に影響を与えた。つまり第二次世界大戦後のヨーロッパ福祉国家は、小さな島国ニュージーランドの大きな実験から学び、成立したといっても過言ではない。

本章では、「小さな島国の大きな実験」という視点から、二〇〇一年にニュージーランド障害戦略（以下、障害戦略）を策定した福祉国家ニュージーランドの歩みとその歴史的背景をみていくとともに、単純な小さな政府論ではないニュージーランド・モデルと呼ばれる行財政改革（ＮＰＭ：New Public Management）根底にあるものを探ることで、ニュージーランドという国を浮き彫りにしたい。

1　ニュージーランドの成り立ち

●マオリとパケハがともに舞う「ハカ（Haka）」が象徴するもの

今回の訪問で、筆者は「ニュージーランドといえば、ラグビーだ！」と実感した。筆者がニュージーランドを訪れた二〇一一年一〇月は、ニュージーランドの国技であるラグビーのワールドカップが開催されており、毎日が大変な熱狂ぶりであった。

障害施策の視察のためにウェリントンへ訪問したが、毎日の町の雰囲気、テレビ、人々の話すすべてに触れるたびに、日を増すごとに自然と気分が盛り上がっていった。そして、一〇月一六日に、現地ニュージーランドと隣国オーストラリアの準決勝をパブリックビューイングで観戦する機会を得たが、ものすごい人の数であり、始まる前から観衆の興奮はボルテージがあがる一方だった。

正直、筆者はそれまでラグビーをあまり観戦する機会がなかったのだが、盛り上げらないわけはない。そして、その興奮を煽るかのように、ニュージーランドチームのオールブラックスは、真っ黒のユニフォームに身を包み、試合前に「ハカ（Haka）」と呼ばれる挑発的で勇猛な踊りを披露する。本来ハカは、ニュージーランド代表が対戦を喜んで受入れるとともに、相手に対する敬意を表する意味で行なわれているのだが、この盛り上がりがまた尋常ではない。その瞬間、チームも、観衆も、筆者も例外なくすべてが一体となる感覚を覚えた。

そして、このハカこそは、先住民マオリの戦士が戦いの前に、手を叩き、足を踏み鳴らし自らの力を誇示し、相手を威嚇する舞である。ニュージーランドの小学校ではハカの講習会が行なわれており、基本的には戦士とならない女性も含め、国民誰もがハカを舞うことができる。

はたして、我々日本国民のどれだけの人が自国の民族舞踊を舞うことができようかと考えると、マオリの血を引く選手に限らず、パケハ（ヨーロッパ系移民）などすべての選手が一様に舞うその姿は、ニュージーランドが「世界でもっとも民主的な国である」ことの象徴のように、筆者には感じられた。

▶毎年２月６日のワイタンギデーを記念してハカを踊るマオリ族

●先住民マオリとパケハの歴史の始まり

ニュージーランドは、南半球・オーストラリアの南東に位置する島国であり、人口は約四二九万人（日本と比較して三〇分の一）、面積は約二七万平方キロメートルの小さな島国である。主には北島と南島で構成し、北島の南部に位置するウェリントンが首都である。

人口は、パケハが七九・〇%、先住民マオリが一四・〇%、他アジア系住民等が七・〇%で構成されている。

先住民マオリと移民であるパケハの対立と融合の歴史は、少なからずニュージーランドという国の性格や方向性を決定づける際の大きな要素であり、国民の人権意識の基礎を築いてきたといえる。そして、この国民一人ひとりの人権意識の高さが、障害分野においても、世界をリードするとりくみを実現してきたと考えられる。

先住民マオリについては、訪問中に訪れたテパパ博物館でその歴史について知る機会を得た。彼らの歴史における最大の悲劇は、文字文化を持たなかったことである。現在、公用語に指定されているマオリ語は、音韻に合わせてアルファベットを組み合わせてつくられたものである。

さて、先住民マオリの歴史は、九世紀頃に南太平洋のクック諸島等から部族ごとに七艘のカヌーで移住してきたことが始まりといわれている。それぞれの部族ごとにカヌーに乗ってきたとされ、移住後は、主に北島で、漁猟・狩猟・採集といった自給生活を送りながら、部族間の争いも生じていた。

そうした先住民マオリの島国アオテアロア（マオリ語で「白く長い雲のたなびく地」の意味）が、ニュージーランドとしてヨーロッパ諸国に伝わることとなったのは、一六四二年にオランダのアベル・ヤンセン・タスマン（Abel Janszoon Tasman）によって紹介されたことが最初である。国名の起源も、このタスマンがオランダのジーランドをもとに名づけられたといわれている。

その後、一七六九年にイギリスのジェームズ・クック（James Cook）による発見、調査を経て、正確な地図が作成されたのをきっかけに、イギリスを中心とする多くのヨーロッパ人が訪れ、移住が始まった。

一八三〇年代に入ると、ロンドンに植民地会社が設立された。ウェイクフィールド計画と呼ばれる本格的な植民地計画の発表とともに、移住するヨーロッパ人の数が急速に増え始め、それまで鯨・アザラシ・木材・麻など資源を求めて訪れるという経済面でのアプローチだけでなく、ともに同じ土地で生活することにより、移住者とマオリ間の文化面での交流が活発となった。それと同時に、移住者と先住民マオリの土地を巡る争いなどにより、ニュージーランドは無法状態となり、イギリス政府は、事態の収束に向け、ワイタンギ条約締結へ踏み切ることとなった。

▶マオリ族の集会所（ウェリントン）

●ワイタンギ条約から激化する対立と同化へ

一八四〇年に、イギリス政府と先住民マオリの間で交わされたワイタンギ条約により、イギリスは本格的な植民地支配を始めることとなる。条約は英語版とマオリ語版の二つが作成されたが、条約文の英語からマオリ語への訳文に問題があり、条約の内容理解の相違が、民族間闘争に繋がっていく。

ワイタンギ条約は、以下の三条で構成されている。

第1条　酋長が主権者として行使していた権利と権限を、イギリス女王に割譲する。
第2条　イギリス女王は、マオリが所有する土地・森林・水産資源を保障する。（但し書き）それら土地・森林・水産資源に対する「排他的先売権」を女王に認める。
第3条　女王はマオリを保護し、イギリス国民としての権利と特権をマオリに授ける。

英語とマオリ語による内容の違いは、以下のような点であった。

第1条では「主権」という言葉に違いがあった。マオリ語版では「カワナタンガ」と記され、「統治者はイギリス女王だが、酋長の部族的な土地等の権限は残す」ことを意味していた。しかし英語版では「割譲（sovereignty）」と記され、「領土の統治権がマオリからパケハに移行する」ことを意味していた。

また第2条は「所有」という言葉に違いがあった。マオリ語版では「ランガティラタンガ」と記され、マオリは「希望する限り土地等の所有権が存続する」と理解したが、英語版では曖昧な表現でパケハに都合のよい解釈が可能だった。

ワイタンギ条約締結後、さらにパケハの移住が急激に増加した。条約を盾としたパケハによる土地の取得が増えたが、ワイタンギ条約の齟齬に気づいたマオリ側との交渉が進まず、土地の売買を巡る衝突・紛争が頻発した。

そして一八五九年、タラナキでの土地売買をめぐって第一次タラナキ戦争が起こり、それをきっかけにマ

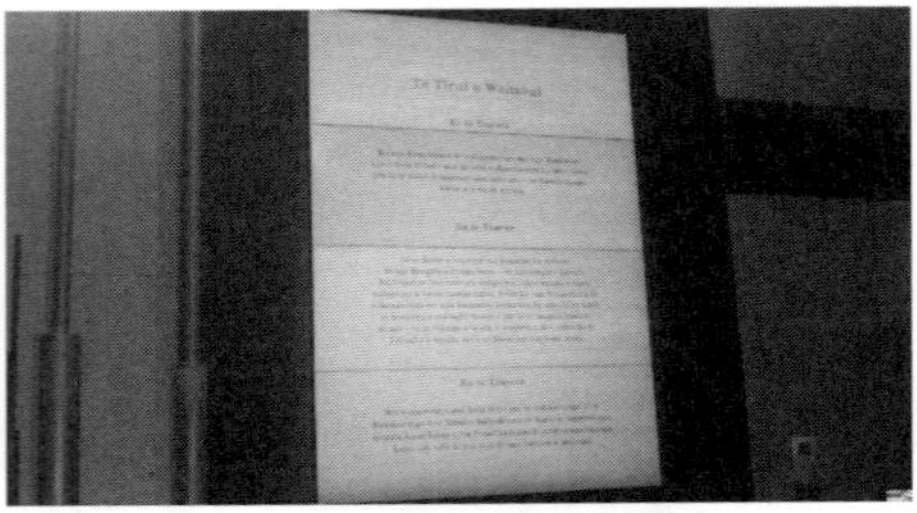

▶マオリ語で書かれた「ワイタンギ条約」

オリとパケハの「マオリ戦争」が勃発した。両者の武力衝突は一八七三年の終息まで一四年間に渡る戦争となったが、パケハの圧倒的な武力に敗北したマオリは、民主主義の名の下に、土地を奪われるとともに、同化政策を強いられることとなった。

また、同時期にニュージーランドにおこる大きな変化がゴールドラッシュである。ワイタンギ条約締結後、急激にパケハの移住が増加したが、鯨やアザラシ、木材等の資源の獲得等が思うように進むことなく、実際には、未開の地であるニュージーランドを一から農地開墾しなければならない状況であり、生活基盤を固めることが難しい状況にあった。しかし、一八六〇年代に突如始まったゴールドラッシュによって、状況は一変し、ニュージーランドの経済的な基盤は確立された。また、人口もこれまで北島に集中していたが、南島への流出が一気に進むことになった。

一八五四年には、国会が開設された。一八六五年にはオークランドからウェリントンへの首都の移転を行ない、州政府を廃止し、ニュージーランドは土地の管理をメインとした統治ではなく、国としての政治・統治を始めることとなる。

2　世界で初めて普遍的な社会保障法を制定した国

●世界に先駆けた政策を実現

ワイタンギ条約後、さまざまな経過を経ながら、インフラを始めとする経済や社会基盤の整備が進んだが、収入基盤が乏しい中での整備は、財政借款を増やすという赤字の国家運営となっていた。その結果、一八八〇年代初めから一八九〇年代半ばまで、ニュージーランドは永い不況に陥っている。

しかし、逆にこの時期の高い失業率や労働条件の劣悪さなど国民の窮状がきっかけとなり、一八七七年義務教育の無償化、一八九三年の女性参政権の確立、一八九四年の世界初の最低賃金法やそれに伴う労働争議の調停制度等労働組合の尊重、一八九八年老齢年金法など、数多くの世界に先駆ける動きや制度が整備された。

こうした新しい政策を積極的に実施してきた背景には、ヨーロッパで貧しい暮らしを強いられ、新天地ニュージーランドに豊かで自由な暮らしを求めてきたパケハの開拓者精神、そして、厳しい開墾・開拓や新しい国づくりに携わる人々の生活を社会的に支える必要性などがあったと考えられる。

そして母国イギリスとは、違う形で諸政策を展開し、民主国家の形成を行なってきたニュージーランドは、一八九九年ボーア戦争（南アフリカ戦争）と一九一四年第一次世界大戦という二つの戦争で、母国イギリスへ送った援軍の成果をきっかけに、自治領としての地位を認められることとなる。

一方ニュージーランド国内では、一九一四年に自由党から改革党に政権交代が起こるが、一九二六年世界初の家族手当制度の創設など、様々な社会保障制度の創設は継続された。また、障害分野においても、一九〇七年に障害児の義務教育化や一九三〇年無拠出の障害給付制度など、世界に先駆けた制度を創設している。

●世界初の普遍的な社会保障法を制定

このように世界に先駆けた社会保障制度を次々につくりあげてきたニュージーランドであったが、一九二九年のニューヨーク・ウォール街の株価大暴落に端を発した世界大恐慌の煽りは免れることはできなかった。

▶女性参政権，最低賃金制度を実現したセッドン首相

深刻な不況に陥り、失業者が増大し、ストライキが頻発した。

金融と経済は大混乱し、炭鉱閉鎖や工場倒産が瞬く間にひろがり、失業者が溢れた状況のもとで、マイケル・J・サヴェージ（Michael J. Savage）率いる労働党が、一九三五年、初めて政権を樹立した。サヴェージ労働党政権は、労使紛争の鎮静化に着手するとともに、深刻な不況で生活困窮している国民を支える社会保障制度の創設を手がけ、一九三八年社会保障法を制定した。

一九三八年社会保障法の正式名称は、「ニュージーランド国民を、老齢、疾病、寡婦、孤児、失業またはその他の特別な事情から生ずる障害から保護するための国民老齢年金及びその他の給付の支給、医療及び病院治療を当該治療を必要とする者に利用可能とする制度、コミュニティの健康及び全般的福祉の維持及び促進のために必要な諸給付を規定する法律」というように、とても長い。法律の名称からみても、リチャード・ジョン・セッドン（Richard John Seddon）自由党政権以来、個別に制定されてきたさまざまな年金・給付制度を一つの法律に包括化したことを物語っている。

その後に「ゆりかごから墓場まで」と形容されるニュージーランド社会保障制度の根幹をなした一九三八年社会保障法は、失業手当制度と、病気療養に伴う疾病手当制度を最低限の保障（ナショナルミニマム）として確立、また育児支援としての家族手当を低所得の国民へ適用し、さらにこれまでの老齢年金制度と老齢給付を統合し、新たな無拠出の国民年金制度を創設した。

特に、家族手当制度は、サヴェージ労働党が野党時代に提案した制度で

▶オークランドのサヴェージ記念公園にある慰霊塔

あり、当時政権党だった改革党が、労働党の提案を受け入れて一九二六年に法制化されたものであり、サヴェージ労働党が野党の時代からも、ニュージーランドの社会保障制度の確立に大きな役割を担っていたことがわかる。

このように、世界初の最低賃金制度を創設した自由党のセッドン首相や、一九三八年社会保障法を制定した労働党のサヴェージ首相など、この時期の政治家の多くは、移住後に開拓民や炭鉱夫として厳しい労働に従事し、苦労や貧しさを、身をもって体験している。こうしたニュージーランド開拓史が、一八九〇年代から一九四〇年までの社会保障制度を築く土壌にあったといっても過言ではない。

3　二重の財政危機とロンギ労働党政権の登場

●労働党主導の行財政改革

一九四七年にイギリスから完全独立を果たしたニュージーランドであったが、基本的には酪農製品や牛・羊肉などの一次産品をイギリス中心に輸出することで、その経済基盤を確立していた。そのため、イギリス連邦の一員として留まることで、その優遇措置の恩恵に与かり、一定の経済的安定を維持してきた。一方、軍事的には、アメリカ・オーストラリア・ニュージーランドで締結した軍事同盟である太平洋安全保障条約（アンザス同盟）によりアメリカの傘下に入るなど、イギリス離れも進むといった二面的な関係にあった。

ニュージーランドは、引き続き一九七一年人権委員会法（the Race Relations Act, 1971）、一九七二年事故補償法（Accident Compensation Act, 1972）、一九七五年障害者コミュニティ福祉法（the Disabled Persons Community Welfare Act, 1975）などを制定し、社会保障制度の拡充を行なってきたが、イギリスとの関係の転換をきっかけに、経済的な打撃を余儀なく受けることになった。

経済面において、イギリスとの関係が変わるきっかけは、一九七三年のイギリスのEC加盟であった。それに伴い、これまで一次産品の輸出相手国として大きなウェイトを占めていたイギリスへの輸出優先権が消失し、必然的にニュージーランドは新たにアジアや太平洋に輸出国を独力で拡大することが求められた。ところが一九七三年は、オイルショックが発生し、ニュージーランド経済は二重の大きな打撃を受けることとなった。

こうした経済危機からの脱却の期待を背負って、一九八四年、ロンギ率いる労働党が政権を獲得した。多額の財政赤字と対外債務、一次産品を中心とした貿易赤字、増大する失業問題などへの対策として、ロンギ労働党政権は、「小さな政府」をめざす行財政改革を打ち出した。この行財政改革は、イギリスのサッチャーリズムやアメリカのレーガノミックスのように、時の政権党党首の名前が行財政改革の呼称に用いられたのに対して、ロンギ労働党政権で財務大臣を担当したロジャー・ダグラス（Roger Douglas）の名前から、「ロジャーノミックス」と呼ばれ、労働党政権が行財政改革を主導したことは世界的にも稀であったが、世界からニュージーランド・モデルとして注目を集めた。

●ロンギ労働党政権のもう一つの特徴

ロンギ労働党政権のもう一つの特徴、非核政策を打ち出したことにも触れておきたい。一九八五年に核兵器を積んでいないことを明確にしない限り、太平洋安全保障条約で認められたアメリカ艦船のニュージーランド寄港を拒否するという政策を打ち出した。この政策は、アメリカや隣国オーストラリアなどの激しい抵抗にあったが、現在まで貫いており、経済的利益を犠牲にしてまでも、大義を貫くという姿勢は、ニュージーランドの制度や施策のすべてに通じるもののように感じられる。

また、ワイタンギ条約締結以降の先住民マオリに対する同化政策から、和解政策への転換を図るため、一九七五年ワイタンギ条約法を制定した。これにより、ワイタンギ審判所を設立し、先住民マオリの土地所有権の回復審理が行なわれた。またマオリ語を公用語としたことは、パケハ文化への融合・同化ではなく、先住民族としての権利の尊重にもとづく和解政策への転換を示すものであった（マオリ政策省を中心に、多くの支援が進められており、これらもまた、経済的利益等に比して、大義を貫くという姿勢が如実に表れている点である）。

しかしながら、マオリの経済基盤は十分ではなく、今もなおマオリとパケハの格差があり、その是正に向けたとりくみが進められている。

こうしたニュージーランド政府の姿勢は、後述する行財政改革においても、「小さな政府」をめざした民営化の断行のみならず、国民の声をしっかりと拾い、国民に対する責任を重視して進められている。次節では、そのニュージーランド・モデルの行財政改革について、詳しく紹介したい。

4　大胆な行財政改革による行政と立法の完全分離

日本でも、一九九〇年代後半以降、盛んに用いられるようになったNPMと呼ばれる行財政改革であるが、欧米諸国で実施されてきた公的部門改革の共通項として、①市場原理の導入、②成果主義、③顧客主義、④権限の移譲という四つのポイントが挙げられている。すなわち、行財政改革とは、「公的部門について、民間と同様の原理・思想を用いた改革をする」ということであり、日本においても、行財政改革は今なお進められている。

ニュージーランドは、ロンギ労働党政権から、一貫性のある改革が進められており、本節ではニュージーランド・モデルの考察を通じて、インクルージョン社会を導き出した背影を探りたい。

●ニュージーランド・モデルの基本的な考え方——国民主権の徹底

① 責任と権限の分離による国民を重視した体制

ニュージーランドでは、政府と国会の権限や責任、国民の権利の行使のしくみ、そして国会・大臣・政府それぞれの所管する役割が明確であることが特徴的である。

図表1-1にあるように、国民の選挙によって選出される議員や大臣は、それぞれの政策について責任を負い、国民に対する「成果」（アウトカム）が重視される。国民は、当該政権に期待する「成果」が達成され

図表1－1　ニュージーランドの政治・政府・国民の関係図

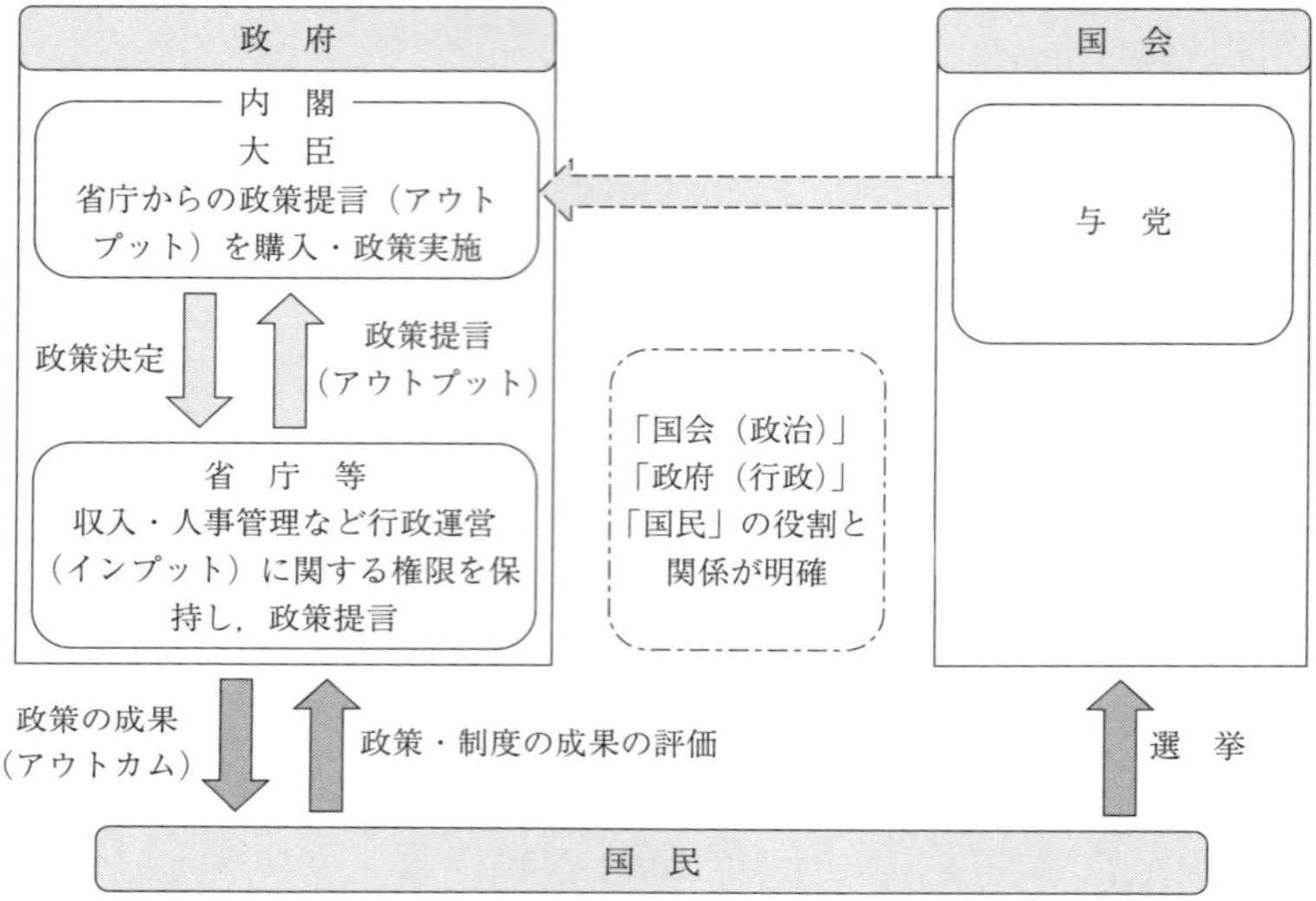

なければ、次期選挙で明確にその評価が行なわれ、政権交代という形で結果が反映される。

また大臣は、省庁に対し、「行政運営（人事や予算、組織編成など）」（インプット）の権限を付与すると同時に、省庁の「政策提言」（アウトプット）を選択・購入するという関係となっており、大臣は、「政策提言」にもとづく「政策の決定や実施」の責任を負っている。つまり、大臣と省庁との責任が明確に分かれ、緊張関係をつくりだしている。日本の大臣と省庁が一体的に「政策提言」と「政策決定」を担うしくみとは大きく異なっている。

さらに「行政運営」・「政策提言」・「成果」という明確な関係性は、国民にとって、その効果や評価がわかりやすく表現されることとなり、日本のような政治離れが発生していない。

② 小選挙区制度の大胆な改革

ニュージーランドでは、国民主権の原則を徹底するため、選挙制度改革も行なってきた。一九九一年に政権についたニュージーランド北島のタラナキ出身であるジム・ボルジャー（James Bolger）国民党首相は、マオリ失業者の増大やロジャーノミックスの痛みを伴う改革への国民の反発から、一九九一年と一九九二年に「小選挙区制度を維持するか、変更するか」の国民投票を行なった。その結果、小選挙区よりも比例代表を求める声が多数を占めたことから、大政党の抵抗がみられたものの、一九九三年に小選挙区制から「小選挙区比例代表併用制」への見直しが実現した。

小選挙区比例代表併用制は、小選挙区はありながらも、得票率にもとづいて当選議席数が決まるため、事実上の比例代表選挙に近い。有権者の投票がそのまま議席配分に反映するしくみになり、少数政党の議席獲得を可能にした。こうした改革は、国民党と労働党による「二大政党制の終焉」を意味し、この選挙制度が実施された一九九六年以降は、連立を組まなければ政権を発足できない政治体制になった。あわせて九九議席だった議員定数を一二〇議席（うち、六〇議席を比例リスト）と大幅に拡大した。

その他、有権者の一〇％以上の署名により国民投票が実施される「市民発議による国民投票法」（Citizens Initialed Refer-enda Act, 1993）が一九九三年に制定され、選挙のみならず、国民主権の徹底が図られている。

●単純な「小さな政府」ではない行財政改革

ニュージーランドの国の公的機関は、大きく三つに分けられる。

一つ目は政府の省庁である。二つ目は、一九八六年に制定された国有企業法（State-Owned Enterprises Act, 1986）に基づく「国有企業」である。三つ目は、一九八九年の新財政法（Public Finance Act, 1989）によって規定された「クラウン・エンティティ」である（二〇〇四年には、クラウン・エンティティ（Crown Entities Act, 2004）が新たに制定された）。

こうした公的機関の体系は、「小さな政府」を目的とする改革の中でうまれ、その再編にあたっては、各行政組織や制度・施策が「市場原理の導入や権限の委譲がふさわしいか」、また「顧客主義や成果主義による運営が適するか」などの判断基準によりすすめられた。

① 政府の省庁

二〇〇八年現在、ニュージーランド政府の省庁は三五機関である（図表1-2）。省庁再編にあたっては、国民の視点から見た役割を明確にすることが主眼におかれ、省庁を減らすのではなく、各省庁の人員を少なくし細分化した。その結果、規模の小さい省庁が多いのが特徴である。そのうち、首相内閣庁、財務省、政府サービス委員会は中央省庁と呼ばれ、省庁横断的な業務を担っている。

主に省庁は、(1)大臣に対する政策提言業務、(2)徴税や警察などの強制力を伴う業務、(3)外交などの政府固有の業務を担当し、その他の業務は、後述の「クラウン・エンティティ」や「国有企業」や、その他の非政府組織（NGO）などに民間移譲された。

ニュージーランドの省庁は、一九八四年から始まるロジャーノミックス以降、各省庁、部署の責任を明確にする機能別分類を主軸に再編され、後に国民の利用のしやすさ、政府の管理コスト、実際の各省庁の業務内容などを見直しながら、さらに再編されてきた。

日本も行財政改革が進められているが、世界各国の人口当たりの公務員数を比較してみると、削減以前にそもそも日本は少ない方であることから、単純な「公務員の削減」を掲げる日本の改革と異なり、ニュージーランドの省庁再編は、より効果的な再編であるといえる。

② 国有企業

一九八六年に制定された国有企業法により設置された国有の株式会社である国有企業は、国が株主であるということ以外は、民間企業とまったく同じで経営を行なうことが求められており、国有企業法第四条には、

図表1－2　ニュージーランドの省庁

中央省庁（Central Agencies）	
首相内閣庁（Department of the Prime Minister and Cabinet）	
財務省（Treasury）	
政府サービス委員会（State Services Commission）	
農林省（Ministry of Agriculture and Forestry）	政府情報安全局（Government Communications Security bureau）
公文書館（Archives New Zealand）	保健省（Ministry of Health）
建築住宅庁（Department of Building and Housing）	歳入庁（Inland Revenue Department）
自然保護庁（Department of Conservation）	内務庁（Department of Internal Affairs）
矯正庁（Department of Corrections）	法務省（Ministry of Justice）
法制局（Crown Law Office）	労働庁（Department of Labor）
文化省（Ministry of Culture and Heritage）	国土情報庁（Land Information New Zealand）
税関庁（New Zealand Customs Services）	マオリ政策省（Ministry of Maori Development）
防衛省（Ministry of Defense）	国立図書館（National Library of New Zealand）
経済開発省（Ministry of Economic Development）	太平洋諸島政策省（Ministry of Pacific Island Affairs）
教育省（Ministry of Education）	科学技術省（Ministry of Research, Science and Technology）
教育監査局（Education Review Office）	重大詐欺捜査局（Serious Fraud Office）
環境省（Ministry for the Environment）	社会開発省（Ministry of Social Development）
漁業省（Ministry of Fisheries）	統計庁（Statistics New Zealand）
食品安全庁（New Zealand Food Safety Authority）	運輸省（Ministry of Transport）
外務貿易省（Ministry of Foreign Affairs and Trade）	女性政策省（Ministry of Women's Affairs）

る。

「国有企業の第一の目的はビジネスとして成功すること（to operate as a successful business）」と明記されてい

そのため国有企業は、民間企業と同様に利益を上げ、効率的な経営を行なうことが求められるとともに、国有企業として「よい雇用者になること」や「地域社会への関心と責任を持つこと」が定められている。

ニュージーランドでは、この基本的な考え方を徹底するため、所管大臣との関係による有利性の排除の徹底などにより、完全な民営化をめざすとともに、規制緩和による他企業の参入を促進している。

それにより、完全民営化を行なった企業も、電信電話会社（Telecom Corporation）や郵便貯金（Post Office Bank）など多く存在し、一九八七年から一九九六年の間に、三四件・約一六三億ドル（約一兆一四一〇億円）の国有資産が売却されている。

しかしながら、平等に規制緩和する原則に徹したため、外国企業の参入を認めた。その結果、国有企業が外国資本の手に渡り、国民による統制が取れなくなるという事態が生じたことから、二〇〇〇年以降のヘレン・クラーク（Helen Clark）労働党連立政権以降、「新たな国有企業化はあっても、新たな完全民営化は行なわない」という方針を取っている。

③　クラウン・エンティティ

クラウン・エンティティとは、公的機関から省庁、国有企業、中央銀行を除いたものを指し、その存在は、一九八九年の新財政法によって別表に定義されたものであり、政府の財務諸表の範囲を明確に位置づけた中の一つとして、政府部門に位置づけられる。

クラウン・エンティティは、大臣が任命した理事会によって運営され、事業計画書と年次報告書、業績報告書などを大臣に提出することが義務付けられており、大臣に対する達成責任と成果を重視した関係で運営

図表1－3　クラウン・エンティティの分類

分類		事例
法定エンティティ	クラウン・エージェント 自律的クラウン・エンティティ 独立クラウン・エンティティ	地区病院委員会　等 ニュージーランド博物館　等 公正取引委員会　等
クラウン・エンティティ会社 クラウン・エンティティ子会社 学校理事会 高等教育機関		国立研究所 公立小中学校 国立大学

（注）上から順に，所管する業務の重要度と大臣との関係性が重視された分類である。

されている。

また、二〇〇四年のクラウン・エンティティ法により、その位置づけや機能に応じて、クラウン・エンティティは図表1－3のように分類され、当初の新財政法の位置づけからさらに大臣との関係における達成責任の強化が図られている。

●国民に対する責任を明確にする行政運営の体制

先に述べた公的機関の再編だけでなく、省庁等行政部門の運営体制も一九八八年国家部門法（States Sector Act, 1988）等により改革された。とくに、日本でいえば各省庁の最高事務責任者である事務次官に相当する省庁トップ（チーフ・エグゼクティブ）を公募で選任するしくみや、大臣と省庁の関係性を明確化する国民主体の行政運営の体制は日本のそれとは違い、大いに注目すべき内容である。

① 省庁のトップ（チーフ・エグゼクティブ）公募制の導入

一九八八年国家部門法によって、省庁のトップの呼称がチーフ・エグゼクティブ（chief executive）に変更され、公募で選定されることとなった。その方法は、民間企業と同様に、新聞広告等による公募を実施し、能力主義による採用を行なう。その結果選ばれたチーフ・エグゼクティブは政府と五年以下の雇用契約を結び、業績によって再任可能とされている。

こうしたチーフ・エグゼクティブの公募制は、民間企業と同様にコスト意識の高い行政運営を可能にしているといえる。

図表1－4　大臣とチーフ・エグゼクティブの関係

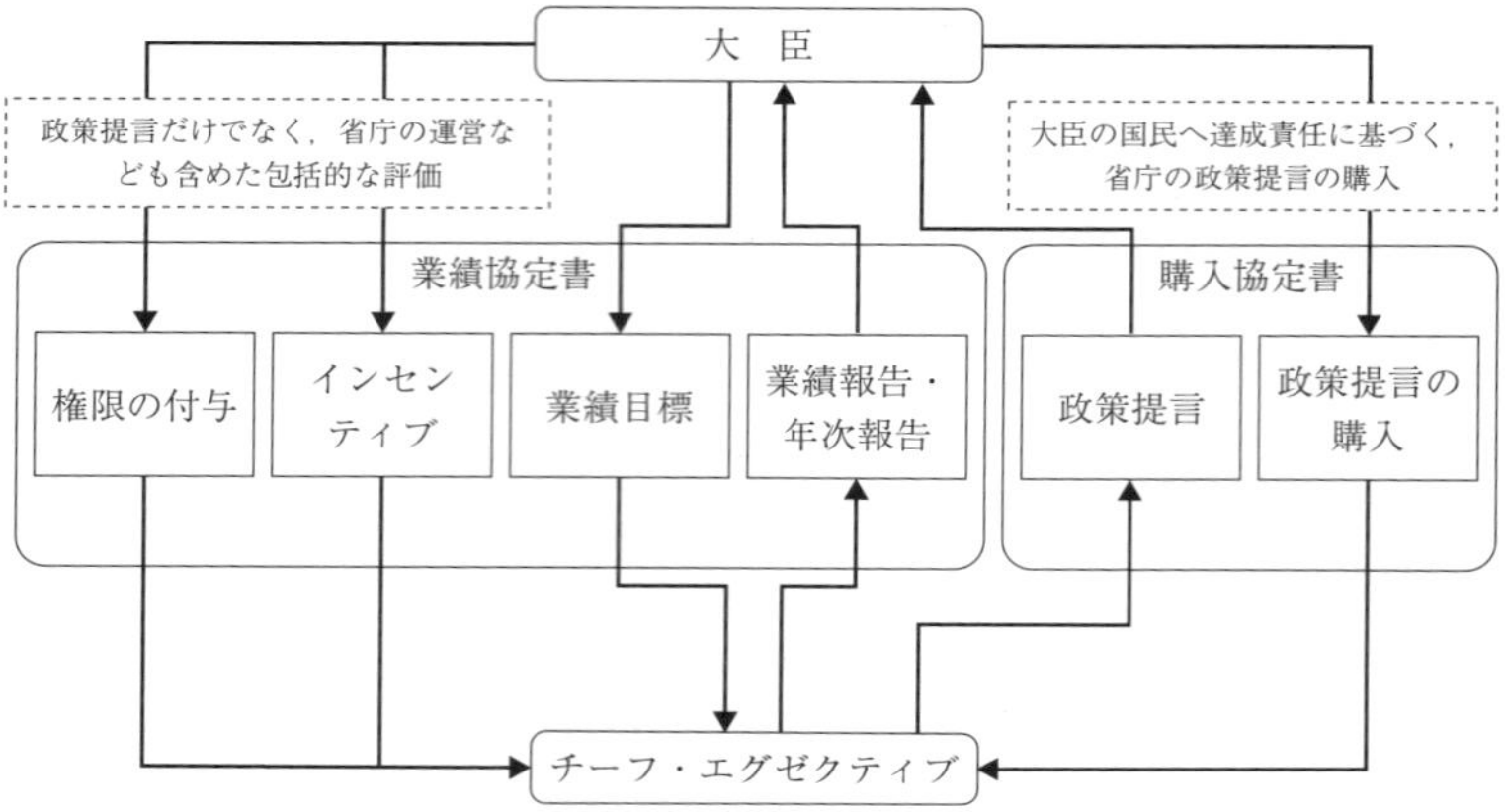

② 国民に対する達成責任（アカウンタビリティ）の強化

チーフ・エグゼクティブは、大臣と契約を結び、絶大な責任と権限とともに一定の報酬（インセンティブ）が与えられる。先に述べたように、大臣は国民に対する「成果」の責任を負っていることから、チーフ・エグゼクティブに対し、業績目標を伝え、「政策提言」を求めることとなる。

チーフ・エグゼクティブは、大臣から示される業績目標に対し年次計画や中期的な業績報告を行い、大臣はその報告をもって、業績目標と照らし評価するというしくみである。

(1)　業績目標の明示

業績目標は、大臣が、業績協定書（Performance agreement）をチーフ・エグゼクティブと交わすことで伝えられる。また、**図表1－4**のように、大臣とチーフ・エグゼクティブは購入協定書も交わすが、これはチーフ・エグゼクティブの政策・提言を大臣が購入するというものであり、あくまでチーフ・エグゼクティブ側の成果についての評価対象となる。

しかし業績協定書は、政策提言の購入者としての利益だけでなく、省庁の所有者として国民に対する達成責任も含め、包括的に達成すべき目標とその評価を行なうしくみとなっている。

(2)　権限の付与

チーフ・エグゼクティブに対しては、業績達成のために必要な行政運営にかかる人事や予算、組織編制などに関する権限が付与される。

業績達成のために、有能な民間人材を雇用し、その給与水準等も決定することができるなど、必要な人事や予算支出も裁量権として認められる。

これは、「業績の達成に必要な権限が与えられなければ、決して業績を達成することはできないし、業績達成責任を負うこともできない」というニュージーランド・モデルの一貫した姿勢である。[1]

(3)　インセンティブとしての報酬

チーフ・エグゼクティブには、権限の付与と同時に、業績の達成促進のためのインセンティブとして一定の報酬（ボーナスなど）も準備されている。

一九八八年の国家部門法により、省庁のトップの任期が、終身雇用から五年以下の雇用契約に変更されたことは、五年以内に様々な業績を達成する必要があるということである。その業績により契約の更新や一定のボーナスなどが付与されるといったチーフ・エグゼクティブに対するインセンティブを準備することで、より効果的な業績達成をめざすための仕掛けとして実施されている。

このように、ニュージーランド・モデルと呼ばれる行財政改革は、一貫した大臣、省庁、国民の役割と関係が明確であり、「小さな政府」をめざした国有企業やクラウン・エンティティなどの機能分化についても、単純な財政削減だけでなく、常に国民への責任を重視した改革となっていることが特徴的である。日本における行財政改革についても、同様の視点が必要だと筆者は感じている。

③　中央政府と地方自治体のすみわけ

図表1－5　ニュージーランドの国と地方自治体の所掌

機関		役割
中央政府		外交，国防，教育，保健，社会福祉，警察，消防に関する事務
地方政府		
	広域行政機関	地域戦略及び計画，地域交通戦略，植物・動物の伝染病管理，河川管理及び氾濫対策，民間防衛
	普通地方自治体	ディストリクト計画，用水供給，下水処理，排水路整備，廃棄物管理，道路，図書館，駐車場/建築物，キャンプ場，レクリエーション施設，公園，墓地，火葬場，コミュニティセンター，環境衛生 ほか

また、国レベルの省庁再編などこれだけの改革を可能にしているもう一つの要因として、国と地方自治体のすみわけがしっかりと行なわれていることがあげられ、このことは実際に訪問したウェリントン市役所（Wellington City Council）で、「障害戦略の策定に伴う大きな方針転換や政策の変更は全くなかった。一部の地方自治体では影響のあった自治体もあるかもしれないが、ウェリントンはすでに独自に行っていた」という言葉からも容易に推測された。

実際に、**図表1－5**のように、中央政府と地方自治体の責任と役割は明確に分かれており、日本のように中央政府から地方自治体に対する法定受託事務などはほとんどない。そのため地方自治体の財源は、主にレイツ（Rates）という固定資産税などが歳入の六割を占めている。

一方、歳出構成も、中央政府と地方自治体では、まったく異なっており、このように政府に依存しない地方自治体のあり方は、大胆な省庁再編を可能にしていると考えられる。

なお、地方自治体においても、中央政府と同様に、チーフ・エグゼクティブ制度や地方自治体企業の設立などの行財政改革が行なわれている。

ここで紹介した行財政改革は、未だ進行途上の内容であるが、前述のように、一貫した姿勢は日本のそれに参考とすべきことだと筆者は感じている。

単純な財政悪化による公務員数の削減や財政規模縮小のための民営化の導入など単純な論法ではなく、その目的はあくまで「国民主権」であり、国民に対する達成責任を念頭に置いた改革を進める中で、結果としての公務員数の削減等を求めていくことが重要ではないだろうか。

5　国民とのパートナーシップを重視したインクルージョン社会へ

イギリスのEC加盟やオイルショックによる深刻な不況により、行財政改革が断行されたが、その中で、それまで高福祉国家として築き上げてきた様々な給付や医療分野の合理性を高めていくなど、医療や保健、福祉分野においても、国民に対する負担を増大させる改革が行なわれたが、これはある種、不況の中で国民の自立を必要とする社会への変化であり、大きな行財政改革とともに、国民中心の持続可能な社会をつくる過程であったといえる。

しかしながら、そうしたロジャーノミックスを継承したボルジャー国民党政権の社会保障削減政策に対し、一九九九年に発足したクラーク労働党連立政権は、「揺り戻し政策」で対応した。

クラーク労働党連立政権では、ボルジャー国民党政権時に導入された失業手当や疾病給付等への就労義務や罰則規定を廃止し、従前の社会保障制度に戻す改革を行なった。一九七二年に成立した事故補償制度（ACC）は、ニュージーランド特有ともいえる特筆すべき制度であるが、改革の中で一部民営化を断行されるも、クラーク労働党政権時に、再度国有化されるなど、その事例は顕著である。

こうしたクラーク労働党連立政権の「揺り戻し政策」の基本理念は、同政権が二〇〇一年に発表した「機会への筋道――社会福祉から社会開発へ」（Pathways to Opportunity : From Social Welfare to Social Development）に示されている。それは、以下の「社会的アプローチ」の考え方である。(2)

社会保障に関するこれまでの「拡大」対「縮小」という非生産的な議論を超えて、経済社会における社会保障の目的という課題に焦点をあてていかなければならない。

（略）社会保障は今日人々の持っている能力を引き上げるための投資であり、その投資は人々を将来的に自立へと導くのである。

「社会的アプローチ」は、これまでの行財政改革の成果と結果を踏まえたうえで、失業率や給付の増大の歯止めにはならなかったことを反省し、就労収入のみではなく、給付も含めて、すべての人の自立を支えていくという考え方である。この考え方に基づく政策の実施は、後述する障害のある人に対する制度設計にも反映されており、ニュージーランドの社会的包摂（インクルージョン）の考え方の基礎になっているといえる。

まとめ

ニュージーランドは、ワイダンギ条約からパケハによる植民支配が始まり、本格的に国家としてその歴史を歩み始めた。しかし、その歩んできた道は、パケハとマオリの対立から融合までの歴史のように、常に国民一人ひとりが、個々の生活を豊かにすることを大事にしてきた「開拓者精神」による民主国家の思想が根付いている。

イギリスとの関係等で行財政改革を余儀なくされたロンギ労働党政権の時代であっても、当時の副首相兼法務大臣兼環境担当大臣だったジェフリー・パーマー（Geoffrey Palmer）は、改革の断行の中で忘れてはならない先住民マオリの歴史や文化等を保護するため、「市民権保護法案」を策定している。

この法律案は、後に国民党政権により資源管理法（Resource Management Act, 1991）として成立し、持続可能な資源利用と開発管理とともに、地方組織の計画プロセスの中に、マオリの伝統と文化を取り入れようといった発想に基づくものであり、単純な行財政改革の断行ではなく、ニュージーランドの一貫した姿勢がうかがえる。

日本においても、増大する社会保障費の削減を含め、行財政改革は必須となっているが、そのためには、国民に対する一貫した目標と達成責任の明示が重要であると同時に、国民一人ひとりが排除されることなく、誰もが社会を構成する一員であり、自立できる社会の構築が必要ではないだろうか。

（阿部友輝）

注

（1）和田明子（二〇〇七）『ニュージーランドの公的部門改革――New Public Management の検証』第一法規

（2）武田真理子（二〇〇五）「ニュージーランドの社会保障制度と変革期における位置」『ニュージーランド・ノート』第五号

参考文献

佐島直子（二〇一二）「変化するニュージーランド：『改革』の光と影――ボルジャー政権の七年間を中心に」『社会関係資本研究論集』第三号

小野浩（二〇一二）「ニュージーランド障害戦略と障害者権利条約批准の政策インパクト」『ニュージーランド・ノ

ート』第一三号
京都大学大学院経済学研究科（二〇〇六）「ニュージーランドの地方自治——中央政府と地方政府」
武内砂由美（二〇〇二）「ニュージーランドの社会保障研究現在」『大原社会問題研究所雑誌』No. 519
OECD（2009）*Government at a Glance*

第2章
ニュージーランド障害戦略とは

本章に入る前に以下の二つの文を紹介しておきたい。

Disability is in society, not in me.「障害は私にあるのではなく、社会にある」

I have the right to dignity, to develop my potential, to use my qualities and skills.

「私は、自分の資質と技術を用いるための権利、潜在能力の発達の権利、尊厳を守られる権利を持っている」

これらは、ニュージーランドが二〇〇一年に策定したニュージーランド障害戦略（以下、障害戦略）の冒頭に掲げられているスローガンである。

障害戦略とは、ニュージーランド政府が二〇〇一年に打ち出した、ニュージーランド国内におけるインクルーシブ社会の実現をめざすための政府の長期目標と行動計画であり、ニュージーランド政府はその目標達成と計画実現をめざして、さまざまな施策を展開している。本章では、誰がどのような目的と背景で、この障害戦略を策定したのかについて、詳細に紹介したい。

1　ニュージーランド障害戦略の目的とは

●「社会モデル」登場の背景

さて、冒頭に掲げた二つのスローガンは、もっとも進んだ世界水準の障害観である社会モデルを、ニュージーランドの国家的な意思として表明したものであるといえる。ではその意思表明とは何か。

これまで「障害をどのようにとらえるか」については、国際的な議論が長年にわたり展開されてきた。最初の転換期は、一九八〇年に世界保健機関（ＷＨＯ）が打ち出したＩＣＩＤＨ（International Classification of Impairments, Disabilities and Handicaps：国際障害分類）であったことは周知のことである。それまで障害は、個人の病気や疾患のみに囚われがちだったが、ＩＣＩＤＨは、障害を「機能障害、能力障害、社会的不利」の三つに分類し、その障害特性との関連性を整理した。たとえば、足が不自由という「機能障害」によって、歩くことができない「能力障害」が生じ、階段や段差の移動が困難という「社会的不利」が生じるという理解である。

障害を構造的に捉えるという点で、ＩＣＩＤＨは画期的な提起だったが、その後、ＩＣＩＤＨの限界性が指摘され始めた。「病気をすると、必ず機能の障害が生じ、社会的不利に至るというのは、あまりにも『運命論的』だ[1]」、また「リハビリテーションや福祉が発展することで、機能が回復しなくても社会的不利を軽減することはできる[2]」という指摘がひろがった。そのため、障害を個人の病気や疾患などによる機能障害に重きをおいた個人モデルや医学モデルといわれる障害観を助長してしまうＩＣＩＤＨの限界性の克服を求める声が、ＷＨＯに多く寄せられた。

その後、カナダをはじめとした各国から新たな障害の考え方が打ち出され、二〇〇一年にＩＣＩＤＨの改訂版であるＩＣＦ（International Classification of Functioning, Disability and Health：国際生活機能分類）が策定された。

●ＩＣＦとニュージーランド障害戦略

ＩＣＦは、個人の疾病・疾患や機能障害に重きをおく医学モデルという考え方から脱却し、個人の考えや

図表2－1　国際生活機能分類（ICF）

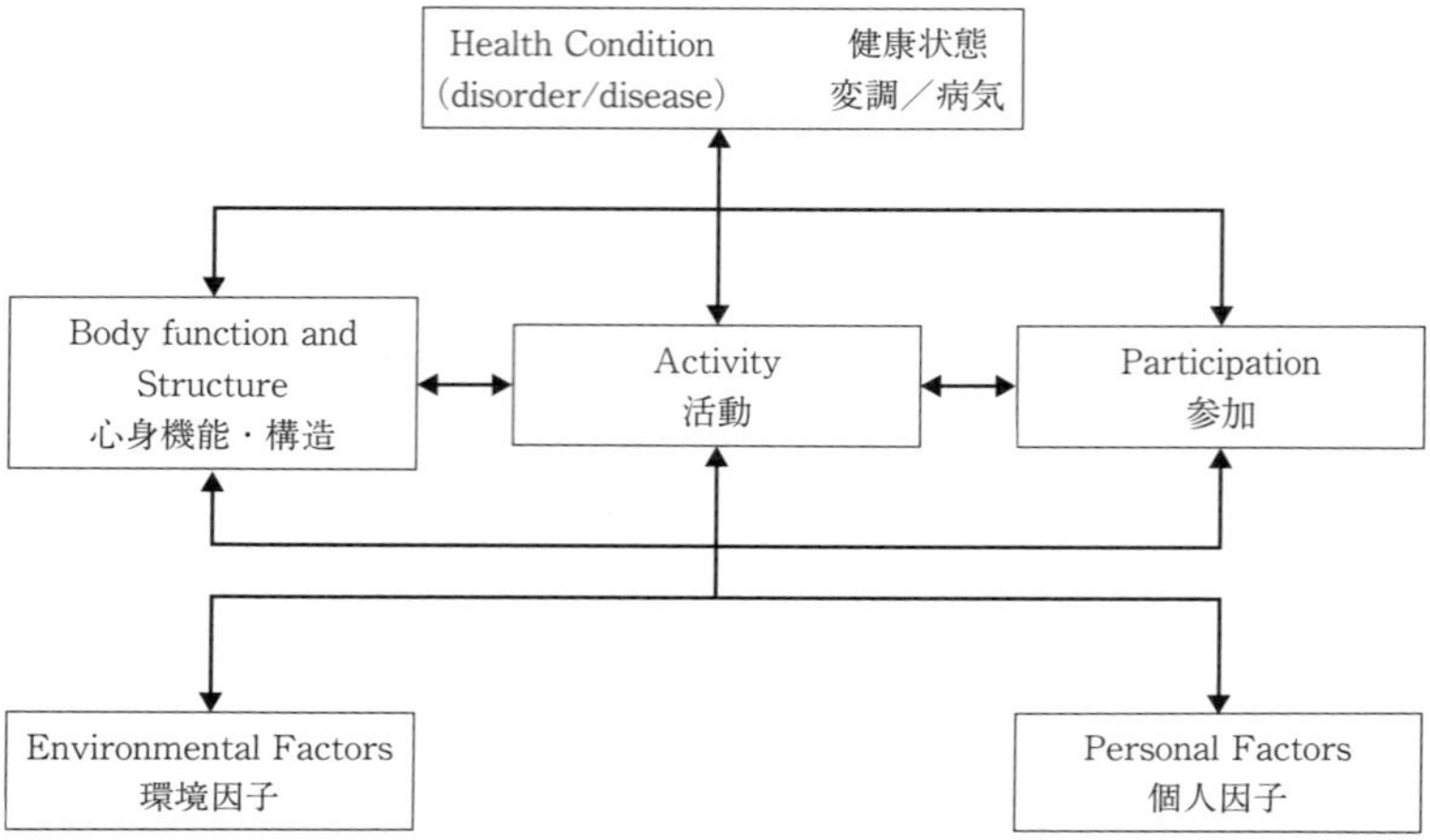

社会・文化的背景を含める個人因子と、物理的環境や制度などによる環境因子も含めた種々の要因が相互に作用する中で、障害が生み出されるという社会モデルにもとづく障害観が採用された（図表2－1）。

またＩＣＦは、従来の障害のない人と障害のある人を二分し、疾病・疾患にもとづく障害のある人にのみに適用する考え方ではなく、すべての人に活用できる考え方が盛り込まれた。この社会モデルの提唱は、世界各国にきわめて大きな影響を与えた。

ＷＨＯがＩＣＦによって社会モデルを提唱した二〇〇一年は、国連では障害者権利条約（以下、権利条約）の議論が始まった年でもあるが、この社会モデルをいち早く導入し、かつ国連の権利条約を先取りしたのが、ニュージーランド障害戦略である。

冒頭の二つのスローガンは、障害に関するパラダイムの転換を国家的に明確に打ち出したものであり、障害戦略の目的・目標を明示したものである。

2　なぜ、障害戦略は策定されたのか

●障害戦略策定に至る前史

なぜニュージーランドは、国際的な最先端の障害観としての社会モデルをいち早く導入し、国連の権利条約を先取りする障害戦略を策定することができたのか。

その背景には、一九九九年一〇月の総選挙で、それまで政権を握ってきた国民党に代わり、新たに労働党を中心としたクラーク労働党連立政権が成立したことが大きく影響している。

それ以前のニュージーランドは、たとえば一八四〇年のワイタンギ条約以降、先住民族であるマオリに対するパケハ同化政策がとられてきただけでなく、知的障害や精神障害のある人たちに対しても、長年にわたり大規模入所施設や大規模精神科病院での生活・入院を強いるなど、障害のある人たちだけでなく、広く社会的なマイノリティに対する隔離・保護的な施策がとられてきた。

転換のきっかけとなったのは、ノーマライゼーションの理念の国際的なひろがりを導いた一九八一年の国際障害者年にある。[3][4]ニュージーランドもこの国際的な流れに乗り、ノーマライゼーションの理念が浸透していくことになる。とくにこの流れは、教育の分野が牽引し、一九八九年の教育法（Education Act, 1989）の制定によって、通常学校内においてすべての子どもの学習権を保障しつつ、必要な学習支援を行なうことなどを含むというインクルージョン教育の考えが先行的に導入された。[5]それら流れの中で、一九九四年にＵＮＥ

SCOで採択された「サラマンカ宣言」及び「特別ニーズ教育に関する行動のための枠組み」は、今日のニュージーランド社会がめざす方向性に大きく影響を与えることになった。これら宣言等のなかで「インクルーシブ教育」という言葉が、国際文書上初めて表記されたことが契機となり、ニュージーランドではその後、「インクルーシブ社会の実現」がノーマライゼーション理念をめざすうえでの共通言語となった。

これらの理念がニュージーランドで浸透した結果、保護的な施策の下で培われてきた障害のある人たちの人権意識と、それまでにとってきた施策の反省などをふまえ、ニュージーランドでは政治的な方向性を大きく転回することになった。

●障害戦略策定のもう一つの前史

もう一つの背景としてふまえておかなければならないのが、一九七〇年代に起こったオイルショック以降の景気の低迷である。当時のニュージーランドは前述のような保護的な側面を社会が持ち合わせている一方で、普遍的な社会保障法とその理念を発展させる方向性として、一九七二年の事故補償法、一九七三年の家事専従手当、一九七六年の国民退職年金制度を相次いで打ち出し、普遍的な社会保障制度を拡大した。

ところが同じ時期に低成長、財政赤字、貿易赤字に直面することになる。そこで政府が取りかかったのが前章で紹介した大胆な行財政改革「ロジャーノミックス」であった。この時の改革は、一つ目に給付の選別性を導入・強化し、各種公的給付の受給資格要件を引き上げ、二つ目に中間所得層の課税負担の軽減を目的とした間接税の導入と所得税、法人税の大幅減税を柱とする税制改革、三つ目に中央集権的な給付・サービスの供給システムをあらためるため、非政府部門のNGOによる福祉サービス提供の促進に伴う民営化の導入、それとあわせて今日日本でも導入されている福祉サービスに関する契約制度導入が行なわれた。(6)

これら改革の結果、中流階層が低所得者と比較して多くの改革による恩恵をうけることが社会問題化される一方で、前述の理念に後押しされ、障害のある人たちが自らの生活に及ぼす意志決定に関する権利を強く主張することが可能となったことも背景にあった。

さて、その後のニュージーランドはめまぐるしく変化していった。その第一歩となったのが、一九九二年に当時の国民党政権が打ち出した「障害者の自立支援――ニューディール」であり、そこで障害のある人のニーズに適切に応えていくという方向性が打ち出された(7)。一九九三年には公的保健及び障害サービス法が制定され、今日のニュージーランド社会で機能している、国とサービス提供者の契約に基づいたサービス提供の基礎となる枠組みがつくられた。さらに同じ年には、人権法が成立し、「性別」、「婚姻状態」、「宗教的信仰」、「民族的信仰」、「肌の色」、「人種」、「人種的出自または出身国」、「障害」、「年齢」、「政治的意見」、「雇用状態」、「家族」、「性的指向」によるすべての差別を禁止するようになった(8)。

人権法の制定によって、初めて障害を理由にした差別を禁止することが法制上明確になった。これらの動きと並行するように、ニュージーランド国内では、大規模入所施設と大規模精神科病院を全面的に解体し、障害のある人たちを地域社会に移行していくという脱施設化政策がとられるようになった(9)。なお二〇〇七年に最後の大規模施設が解体されたことで、現在、ニュージーランド国内には大規模入所施設と大規模精神科病院はもはや存在していない。

このような社会背景のもと、クラーク労働連立政権は、二〇〇〇年四月、ニュージーランド公的保健・障害法（New Zealand Public Health and Disability Act）を制定し、同法にもとづいて障害問題担当大臣（Minister for Disability Issues）を新任した。同年五月に、障害問題担当大臣は障害のある当事者や専門家一五人により構成された諮問委員会を組織し、同委員会はその年の一二月に障害問題担当大臣に対して、障害戦略策定のための勧告である「障害戦略の推奨すべき内容」(Recommended Content of the New Zealand Disability Strategy) を発表した。この勧告が出されたことを契機に、ニュージーランド政府内では、障害戦略策定の機運が高まった。

●障害戦略策定の原動力となった障害団体の提言

一九九九年一〇月の総選挙は、それまでの障害当事者やNGOにとって、障害施策の政策転換を図る絶好のチャンスとしての政治情勢だったといえる。

障害当事者を中心に一九七八年につくられたニュージーランド障害者評議会を母体に、一九八一年の国際障害者年を契機に、リハビリテーション・インターナショナル(RI)のニュージーランド組織であるリハビリテーション・リーグとの統合を経て、一九八三年に結成されたニュージーランドで最大の組織であるDPA (Disabled Persons Assembly) は、一九九九年五月に二〇〇〇~二〇〇二年の政策ビジョン「私たちのビジョン (Our Vision)」を発表した。

「私たちのビジョン」の中でDPAは、一九九九年の総選挙を念頭に、二〇〇〇年からの三年計画で、障害のある人たちの声にもとづく政府の障害戦略策定を呼びかけた。また、障害戦略に盛り込むべき原則として、「障害のある人の人生は、障害のない人と同等の価値があること」、障害は社会との相互関係によって生じるとする社会モデルを導入し、違いを乗り越えて支えあえるインクルーシブな社会の実現などを掲げた。さらに人権法をはじめ、教育、雇用、所得保障、生活・移動支援、健康保障、セルフアドボカシーなどの制度・施策の改革方向を提案した。そして、政府の人権委員会に障害担当のコミッショナーを設けることを求めた。

このＤＰＡの「私たちのビジョン」は、一九九九年一〇月の総選挙における労働党・連合党の共同マニフェストに影響を与えたといわれている。それは、クラーク労働党連立政権が発足直後に設置した、障害当事者を含む一五人の諮問委員会が策定したディスカッションペーパー「特色のある世界をつくる」(Making A World of Difference) の検討素材になったと思われる点からも推測できる。

3　障害戦略をつくりあげた人たち

●障害当事者団体代表・専門家が参画した策定作業

クラーク労働党連立政権のもとで、労働党のルース・ダイソン (Ruth Dyson) は、新設された障害問題担当大臣に就任し、それとほぼ時を同じくして、障害当事者や専門家による諮問委員会を設置した。諮問委員会委員は公募により行い、一三八人の応募者から一五人が選出された。一五人の諮問委員会は、一九九九年五月二三日の第一回委員会から、わずか三か月余りの九月六日に「特色のある世界をつくる」を発表した。

一五人の諮問委員会メンバーは、きわめて多彩であった。**図表2-2**にあるように、ＤＰＡ創設時から関与していたロビン・ハント (Robyn Hunt) と、トクヌイ病院の知的障害のある人たちの脱施設化を担当したジャン・スコーン (Jan Scown) が共同議長を務めた。

その他、ろうあ連盟のチーフ・エグゼクティブ、ＤＰＡの会長、ワンガヌイ地区の障害者リソースセンターの創設者、精神障害当事者団体 (ＡＮＯＰＳ) の創設者、ろうあ連盟のマオリろうあ者の育成マネージャ

図表2－2　「15人の諮問委員会」のメンバーと主な経歴

	氏名（地域）	主な経歴（チーフ・エグゼクティブ　最高責任者）
共同議長	ロビン・ハット（ウェリントン）	ワークブリッジの理事長であり，国立社会政策委員会の委員長経験がある。DPA の創設から関与していた。
	ジャン・スコーン（ハミルトン）	トクヌイ病院の知的障害のある人の脱施設を担当。ワイカト地区保健委員会によって創設されたコミュニティ・リビング・トラストのチーフ・エグゼクティブであり，1999年までタラナキとワンガヌイ地区のアクセス・アビリティの運営責任者だった。2011年現在は，社会開発省障害問題担当局長。
委員	ジェニファー・ブレイン（オークランド）	NZ ろうあ連盟のチーフ・エグゼクティブ。ろうあ連盟のリーダーシップ教育に関わり，障害者団体チーフ・エグゼクティブグループの一員であり，DPA オークランド地区理事会にも関与。
	ポール・ギブソン（ウェリントン）	DPA の会長。さまざまな政府政策委員会にかかわり，DPA の1999－2002年ビジョン「私たちのビジョン」の作成にも関わる。ACHIEVE（高等教育障害者ネットワーク）の創設者。2011年現在は，人権委員会における社会開発省障害問題担当局の責任者。
	レス・ジルセナン（ワンガヌイ）	ワンガヌイ地区障害者リソースセンターの創設者。またアドボカシーネットワーク・サービス・トラストの創設者であり，保健や障害分野で豊富な経験がある。
	マイク・グーレイ（ウェリントン）	国立ラジオの“未来を示す”番組のプロデューサー兼司会者。障害問題の政策に20年以上の経験がある。
	マーク・ラウ・ヤング（ウェリントン）	ホザンナ・ワールド・アウトリーチ・センターのチーフ・エグゼクティブ。南太平洋諸島省と保健省での政策解析経験があり，太平洋諸島出身者の障害サポートに関わってきた。
	ジュディス・ルニー（オークランド）	オークランド障害支援事業者ネットワークのコーディネーター。また，障害者インフォメーション・ノース・ショアを創立し，障害分野の知識とネットワークが豊富。
	ナイジェル・ミラー（クライストチャーチ）	高齢者専門の医師。コミュニティや多くの代理店とコラボレーションにとりくむカンタベリー高齢者介護の創設に関与。
	ミッシー・モートン（クライストチャーチ）	1994年から，カンタベリー大学の講師で，シラキュース大学で博士課程在学（2000年現在）。コミュニケーション障害のある人の法制度へのアクセスが専門。
	メアリー・オハガン（オークランド）	フリーコンサルタント。アオテアロア精神障害当事者ネットワーク（精神障害当事者の団体）創設者の一人。国際精神障害当事者ネットワークの創立議長であり，メンタルヘルス差別禁止チームの一員。
	グラハム・ステアマンド（クライストチャーチ）	1993年から，クライストチャーチ・グレイ・パワー（50歳以上の中高年者のための権利擁護団体）のスポークスマン。2008年他界。

ロルナ・サリヴァン （タウランガ）	障害分野に20年以上関わり，障害に伴う社会的・政治的問題の知識が豊富。テ・ワナウ・カタヒやアクセス・アビリティなどのサービスの開発で活躍した。
パトリック・トンプソン （オークランド）	NZ ろうあ連盟のマオリろうあ者の育成マネージャー。マオリの聴覚障害者の「二文化」やニーズについて政府に提言してきた。DPA マオリグループ，マオリの聴覚障害の政策アドバイザーとして，NZ 手話へのマオリ語の導入に関与。
マアカ・ティブル （オークランド）	障害専門コンサルタント。視覚障害のある人の王立 NZ 財団で，政府レベルの開発や視覚障害のあるマオリへのサービスのマネージャー。

ー、ＤＰＡマオリグループのアドバイザーなどが参画したように、全国各地の障害分野の当事者・専門家によって構成された。

また発足後わずか三か月余りの短期間でディスカッションペーパー「特色のある世界をつくる」を策定した背景は、ＤＰＡの「私たちのビジョン」がその大きな原動力になったといえる。

「障害のない社会」を掲げた「特色のある世界をつくる」をもとに、全国六八か所で公聴会が開かれ、延べ一二〇〇人が参加した。この公聴会はマオリ族や南太平洋島しょ地域でも開かれた。こうした公聴会で寄せられた約七〇〇件の意見をもとに一五人の諮問委員会は、前述した「障害問題担当大臣への勧告」をまとめ、この勧告をもとにニュージーランド政府は、政府案である「機会への道筋――社会福祉から社会開発へ」を策定し、その後二〇〇一年四月に障害戦略を発表した。

●政府機関の役員に就任した一五人

障害戦略策定後の国内法改正や制定において、二〇〇二年七月に社会開発省内に新たに設置された障害問題担当局（Office for Disability Issues）は重要な役割を果たした。障害戦略実施の先導的な役割を担い、各省庁に対して障害施策に関するアドバイスを行ない、障害問題担当大臣を支える役割を担った。

就任時期は定かではないが、一五人の諮問委員会共同議長のジャン・スコーンは障害問題担当局局長に就任している。また二〇一一年からは、同じく諮問委員会委員だったＤＰＡ会長であり、障害当事者であるポール・ギブソン（Paul Gibson）が、人権委員会における社会開発省障害問題担当局の責任者（Human Rights Commissioner Responsible for Disability Issues）に就任している。このように、障害団体代表者・専門家が政策決定過程に参画している意味は、きわめて大きい。

4　障害戦略の主な特徴とその内容

このような流れの中で制定されたのが、本章で取り上げている障害戦略である。障害戦略は障害の有無に関係なく、ニュージーランド国民すべての人が読むことができるように、簡易版や手話版など数種類の版が用意されている[10]。

障害戦略は障害のある人を「障害者にしてしまっている社会」から、「自由で分けへだてのない社会」(Fully inclusive Society) に変えていくための長期の政策ビジョンを盛り込んだものである。

障害戦略の長期目標では、一五の政策目標が掲げられている。またこの一五の目標には、延べ一一三の行動計画が策定されている。主な特徴は、次の三つである。

●主な特徴

一つ目に、一一三の行動計画のすべてにおいて、障害のない他の者との平等を原則にするとともに、「障害は社会にある」という社会モデルが徹底されている。とくに目標7の「個人を中心に据えた長期にわたるサポートシステムの構築」では、障害のある人とその家族の「個々のニーズに柔軟に対応する」ことと、「機能障害に関係なくニーズをもつ人のためのサービス提供・資金調達を促進する」ことが掲げられている。これは後述する「ニーズ評価／サービス調整ガイドライン」の充実・発展につながる。

▶「障害戦略」表紙

二つ目の特徴は、雇用と経済的発展に力点がおかれている点である。目標4の「障害のある人にとっての雇用と経済的発展の機会の保障」は、もっとも行動計画が多い。とくに注目すべきは、ＩＬＯ（国際労働機関）が一九八三年に採択した「障害者の職業リハビリテーション及び雇用に関する一五九号条約」（以下、「ＩＬＯ一五九号条約」）の要件調査を行動計画に盛り込んだ点である。このＩＬＯ一五九号条約は、ニュージーランドも批准をしている、障害のある人の雇用と労働保障の国際基準である。この条約は、主に障害のある人に対する労働権保障と所得保障における政府の政策実施、働く障害のある人の労働法規の適用、雇用機会の拡大のための無償の職業リハビリテーションの実施などを定めている。障害戦略の目標4の行動計画は、このＩＬＯ一五九号条約の水準に適った国内法の整備を進めることが意図されている。

三つ目の特徴は、政府のすべての政策・法律に対する影響力と拘束力を担保することである。目標6の「意識と応答性のある公共サービスの涵養」には、「すべての政府の政策や法律が、障害戦略の目標と一致していることを確認するしくみを開発する」ことが計画され、その実効性は、次に述べる権利条約批准に至る関係法令の整備の経過が証明している。

●一五の目標と一一三の行動計画

ここでは、障害戦略の目標と行動計画の各項目を紹介する（丸つきの数字が目標を達成するための行動計画である）。

目標1　障害のない社会の促進やそれにむけた教育の実施

①　国もしくは地方を基準とした反差別プログラムを開発する
②　障害のある人自身が、障害の専門家であることを認める
③　障害のある人の成果の尊重する
④　倫理もしくは生命倫理の議論で障害のある人の視点を含める
⑤　障害問題の継続的な議論を奨める

目標2　障害のある人の権利保障

①　障害のある人の権利について、すべての人に情報を提供する
②　障害のある人が自らの権利や差別を理解し、セルフアドボカシーできるよう教育を提供する
③　子どもや家族を支援する機関に対し、保護者の権利と能力に関する教育を提供する
④　継続的な向上と障害者の権利を強化するための人権法案を検討する
⑤　国連の権利条約の開発とサポートに必要な調査を実施する
⑥　障害のある人の権利擁護に対するアクセスレベルを調査し、サービス提供の不足に対応をする
⑦　ニュージーランドの障害のある人の権利保障に対する実績を評価する
⑧　女性差別撤廃条約や子どもの権利条約などの国際的な人権上の義務の中で、障害のある人が考慮されているか、ニュージーランドの実績を評価する

目標3　障害のある人にとっての最良の教育の保障

①　機能障害を理由に地域の学校へのアクセスが拒否されないことを保障する
②　ニュージーランド手話やコミュニケーション技術および人的な支援を通じた効果的なコミュニケーシ

ョン方法の開発を支援する
③ 教育関係者が障害のある人の学習上のニーズを理解することを保障する
④ 障害のある学生、その家族、教育関係者が等しく利用可能な社会資源にアクセスできる権利を保障する
⑤ 他の学校の障害のある仲間と交流する機会を促進する
⑥ 障害のある学生のニーズへの対応と説明責任を向上させる
⑦ 個人の教育的にニーズにあった効果的でインクルーシブな教育を促進する
⑧ 最善の教育活動の促進、キャリアガイダンスの提供や生涯学習の機会や財政的支援を含めた、障害のある人に対する義務教育終了後の選択権の改善にとりくむ

目標4　障害のある人にとっての雇用と経済的発展の機会の保障

【雇用に向かうためのトレーニングと計画】
① 雇用を実現するために、障害のある人個々の能力向上をめざす教育やトレーニングの機会を提供する
② 障害のある人が自身のトレーニングや就労の目標を設定し、それら目標を達成できるための支援を開発する
③ 雇用者に対する障害のある人の理解についての教育を行なう
④ キャリアオプションや収入、利用できる支援に関する情報を提供する
⑤ 障害のある人のトレーニング、就労、開発するための機会を向上させる長期的なインセンティブを調査する
⑥ 学校から就労へのスムーズな移行を保障する

⑦ ＩＬＯ一五九号条約（障害者の職業リハビリテーション及び雇用に関する条約）の要件及び批准に関する調査を行う

【雇用と経済的な発展】

⑧ 障害のある人の多様なニーズを認識し、雇用のオプション範囲の開発を保障する
⑨ 障害のある人の生産的な仕事における最低賃金を含めた雇用条件と権利を保障する
⑩ 利用可能なコミュニケーションサービス、資源、柔軟な職場を創出する
⑪ 公共セクターにおける平等な雇用の機会および差別解消の行動指針を導入する
⑫ 公共および民間セクター問わず、すべての部門における雇用機会の均等に関する法的な枠組みを検討する
⑬ 障害のある人が経済的な発展にアクセスできる権利を保障する
⑭ 障害団体代表者や幹部を、スタッフやサービス組織（労働組合など）の一員として選出することを推奨する
⑮ 仕事やトレーニングにアクセスしやすいような障害に考慮した柔軟な所得支援給付を保障する
⑯ 障害のある人に十分な生活水準を提供できるように所得保障制度を見直す

目標5　障害のある人のリーダー育成

① サービス利用者として、またサービス提供側のスタッフとして、障害のある人がアクセスするすべてのサービスの管理・運営、経営、企画、評価における意志決定に参加することを保障する
② 障害のある人によるセルフヘルプ活動、サービス提供や権利擁護団体の運営を支援する
③ すべての組織における障害のある人によるリーダーシップを促進するために、政府部門内で障害のあ

る人のリーダーシップの役割を位置づけたインクルージョンモデルを推奨する

④　障害のある人のためのリーダーシップ開発と、メンタリングプログラムの立ち上げをサポートする

⑤　政府の役職に障害のある人の登用枠を設立する

⑥　障害のある人と権利擁護団体に対し、政府の政策に反映させるための方法に関する利用可能な情報を提供する

目標6　意識と応答性のある公共サービスの涵養《かんよう》

①　すべての政府の政策や法律が障害戦略の目標と一致していることを確認するしくみを開発する

②　サービス開発と提供を保障するための公共セクターのトレーニングを障害戦略と整合性のとれたものにする

③　すべての政府機関は、障害のある人の尊厳と尊敬の念を持って対応をする

④　どこに行けば情報があるのか、どのようなサービスが利用可能か、どのようにアクセスすればよいかなどを含む、利用可能な情報の質を向上させる

⑤　障害のある人の異なるニーズに対応できるよう、公共サービスの情報とコミュニケーション方法を創出する

⑥　すべての政府機関と公共サービスがアクセスしやすい建物や場所を確保する

⑦　障害戦略をサポートできるための方法を開発するため地方機関と協力をする

目標7　個人を中心に据えた長期にわたるサポートシステムの構築

①　個人のニーズと柔軟な対応を含む全国的に一貫した適合基準と資源配分の包括的なプロセスを確立する

②　政府機関、公共資金によるサービス団体などは、障害のある人を中心に据えたサービス提供を保障していることを確認する
③　政府機関や資金源に適合するアセスメントとサービス提供に対する全体的なアプローチの開発を調査する
④　効果的なリハビリテーションサービスを開発する
⑤　機能障害に関係なく、似たようなニーズをもつ人に対する公平な資金提供およびサービス提供を保障する
⑥　充足されていないニーズを特定し、ギャップを埋めるための十分な解決策を開発する
⑦　サービス提供の適時性を改善する
⑧　障害のある人をサポートするための高度に専門化した労働力を開発する
⑨　障害サービスは障害のある人が病気であるという神話を永続させるのではなく、障害のある人は差別のない状態で医療サービスへのアクセスを必要としていることを認識する

目標8　障害のある人の質の高い地域生活支援

【地域コミュニティでの生活】
①　障害のある人が手頃な価格で品質の高い住宅を選択しながら地域社会で生活をする機会を増やす
②　サービスへのアクセスを改善することによって、コミュニティにおける障害のある人の生活を支援する
③　障害のある人の独自のコミュニケーション方法の開発を支援する
④　コミュニティにある適切な医療サービスにアクセスすることを保障する

【地域コミュニティにおける移動】

⑤　アクセスできない公共交通機関を廃止し、アクセス可能な新しい公共交通機関を新設する

⑥　建物、公共スペース、交通システムへのアクセスルートを創設する

⑦　アクセス可能な公共交通機関がない場所では、全国的に一貫した旅客サービスへのアクセスを開発する

目標9　障害のある人のライフスタイルの選択、余暇や文化的活動の支援

①　障害のある人が自ら交友関係、セクシュアリティと生殖の可能性を選択できるよう支援する

②　障害のある人が芸術活動に参加する機会を提供する

③　芸術活動の代表者／組織やレクリエーションおよびスポーツ団体に対し、障害問題とインクルージョンに関する教育を行なう

④　障害のある人によって運営されるものも含めて、芸術、レクリエーション、スポーツに関する企画の開発を支援する

目標10　障害のある人もしくは障害問題に関連のある情報の収集および活用

①　障害のある人の発達や障害研究の課題の評価などを含む障害者問題の研究を考慮した研究資金のガイドラインを策定する

②　障害に関するすべての調査研究に関する有効な情報を収集する

③　一九九六年から二〇〇一年までの障害に関する調査を含む、障害に関する調査、分析データを制度設計やサービス開発および評価に用いる

④　マオリや太平洋諸島出身の障害のある人の問題に焦点を当てた研究を実施する

⑤　文化的にアクセス可能な方式で障害のある人が利用できる研究に関する情報を整備する
⑥　障害研究プロジェクトのための倫理的および手続き上の規定を採用する
⑦　倫理委員会のメンバーに障害のある人を登用する

目標11　障害のあるマオリの社会参加の促進

①　マオリ発展の枠組み内での資源の公平な配分を通じて、障害のあるマオリの能力を向上する
②　より多くのマオリによって設計、提供される障害のある人の支援を構築する
③　障害のある人に対する支援のサービス提供者が、アクセス可能で、障害のあるマオリや Whanau にとって文化的に適合したものであることを保障する
④　障害のあるマオリのサービス提供者の専門職をトレーニングし、マオリに対する助言能力を向上させる
⑤　政府補助金によるもしくはマラエ（マオリの集会所）を中心としたとりくみが、障害のある人のアクセス要請と合致するものであることを保障する（同じく、他のマラエを中心とした取り組みが、その他の要請に合致することも推奨する）
⑥　聴覚障害のある人のために、三言語（英語、マオリ語、ニュージーランド手話）通訳のトレーニングや開発を支援する
⑦　障害のあるマオリの参加を促進するために、Te Puni Kokiri がリーダーシップの役割を担うことを保障する

目標12　障害のある太平洋諸島出身の人たちの参加促進

①　障害のある太平洋の人たちとその家族や地域コミュニティに対するサービス提供者の支援へのアクセ

スと質を向上させる

② 太平洋諸島の人々を障害情報の提供者および地域のサービス提供者としてトレーニングすることにより、障害のある太平洋諸島の人たちの労働力開発やトレーニングを支援する

③ 太平洋諸島出身者のコミュニティが、障害問題に考慮し、障害問題に対する計画を策定し、障害への理解を深めることを推奨する

④ 聴覚障害のある人のために、三言語（英語、マオリ語、ニュージーランド手話）通訳のトレーニングや開発を支援する

⑤ 太平洋諸島政策省は、障害のある人の参加促進のためのリーダーシップの役割を担う

目標13　障害のある子どもや青年の十分で活動的な生活の支援

① 子ども、青年および家族を支援するすべての機関が、障害のある子ども、青年および家族に対してアクセス可能で受け入れ可能であることを保障する

② 青年育成戦略が、障害のある子どもと青年のニーズを認識していることを保障する

③ 年齢に適した反差別と教育的なキャンペーンを実施する

④ 政府機関などに障害のある子どもや青年の障害問題に対するアドバイスを含めたプロセスを確立する

⑤ 障害のある子どもや青年家族のために、家族に焦点化したサポート、教育、医療サービスリハビリテーションサービス、レクリエーションやトレーニングの機会などへのアクセスを提供する

⑥ 教育から雇用に移行する際の障害のある子どもおよび青年へのサポートを改善する

⑦ 障害のある子どもと青年に、彼らの人生における意志決定をするための方法を紹介する

⑧ 障害のある青年が自立した生活を送ることができるように選択できる居住の場を拡充する

⑨　障害のある子どもや青年のセクシュアリティ、安全性、交友関係に関する教育の提供及び評価を行う
⑩　青少年省および社会政策省（現社会開発省）は障害のある子どもと青年の参加促進のためのリーダーシップの役割を担う

目標14　質の高い生活改善への障害のある女性の参加促進

①　女性の権利を促進し、男性と同水準の経済と教育を達成するために、障害のある女性のための機会を提供する
②　サービスに対する公平で、適切かつ快適なアクセスを提供する
③　障害のある女性が自身の選択した環境で自立し安全な生活を送ることを支援する
④　障害のある女性の健康と生殖に関する医療を受けるための基準と考慮事項が、障害のない女性と同じものであることを保障する
⑤　すべての戦略を開発する上で、障害のある女性の視点を含める
⑥　女性政策省はQOLを改善するために、障害のある女性の参加促進のためのリーダーシップの役割を担う

目標15　家族や市民に対する継続的な支援の提供

①　ニーズアセスメントのプロセスが、家族／whanau のニーズと同様に、障害のある人のニーズを考慮したものとなることを保障する
②　障害のある人を支援する人たちのためのサポートと選択を保障する
③　障害のある人の家族に教育と情報の提供を行う
④　障害のある人の支援を行う家族／whanau が、障害のある家族の意志決定に影響を与えることを保障

する

⑤ 障害のある人の家族／whanau と交流するための専門的なリソース・キットを開発する

⑥ 障害のある人の支援を行なう家族／whanau が、政策やサービス開発および評価のプロセスに参画することを保障する

⑦ ケアすることやケア報酬および思いやりのあるケアの役割に関する責任について議論を交わすことを保障する

⑧ 障害のある人を支えている家族に対して正確でアクセスしやすく分かりやすい情報を提供する

●障害者権利条約の水準にかなった二六の国内法の改廃

障害戦略策定後のニュージーランドの具体的なとりくみは、一〇の省庁がワークプランを策定し、社会政策省を社会開発省に変更し、二〇〇二年同省に、障害問題担当局を設置することからスタートした（図表2-3）。また二〇〇三年には、三七の省庁と三つのクラウン・エンティティがワークプランを策定し、六五歳以上の高齢障害福祉の財政供給を保健省管轄の地区保健委員会（DHB）が行なう体制に整備した。これにより、六五歳未満の障害のある人たちの生活支援は、社会開発省が所管し同省の財源が充てられ、六五歳以上の障害のある人たちの生活支援は高齢者施策を所管する保健省に位置づけられることになった（詳しくは次章で紹介する）。

二〇〇四年には、精神障害のある人への差別を減じるための政府プラン（二〇〇五〜二〇〇七年）を策定した。二〇〇六年には、ろうあ連盟等の運動を背景に、手話言語法が制定され、手話がニュージーランドの公用語として認定された。またこの年、政府は障害戦略の進捗状況の定期報告を発表した。二〇〇七年には、

発効直後の国連の権利条約に署名し、障害のある人の雇用において最低賃金制度と休暇法を除外することができると規定してきた障害者雇用促進法を差別であるとして廃止した。

そして二〇〇八年四月、ニュージーランド政府は、権利条約を批准するための障害法案（NZ Disability (United Nations Convention on the Rights of Persons with Disabilities) Bill）を国会に上程した。この法案には、権利条約の原理・原則と矛盾する規定が残されていた以下の二四の国内法の改正が含まれていた。そこで、六か月間の審議を経て、九月三日に国会で採択された（図表2-4）。

この二四の法改正に、二〇〇六年の手話言語法の制定、二〇〇七年の障害者雇用促進法の廃止を含め二六の法律の改廃を経て、ニュージーランド国内法のすべてが、障害戦略および権利条約に一致するものになった。

まとめ

本章では、障害戦略策定の背景と経緯、その内容を概観してきたが、今後、権利条約の批准をめざす日本の立場をふまえると、参考とすべき点は多い。

とくに障害戦略は、各目標の行動計画にみられるように、複数の省庁にまたがった障害施策を実施することが約束されている。障害戦略の策定に伴って、各省庁のとりくみを横断的に集約するために設置されたのが、前述した社会開発省・障害問題担当局である。同局は、各政府機関が障害戦略に「どのように対応しているかをチェックし、各機関をつなぎ合わせる[11]」役割を担っており、日本にはない行政組織としくみである。

またニュージーランドでは、障害問題を専門に担当する障害問題担当大臣が選任され、その大臣の方針のも

図表2－3　ニュージーランド障害戦略策定から権利条約批准までの経過

<table>
<tr><th>年</th><th>●政権／○障害問題担当大臣</th><th>●主な政策／○国内法の整備</th></tr>
<tr><td>1993</td><td>●ボルジャー首相
(1990年11月～1997年11月)
国民党</td><td>●人権法を制定
・人種関係法と人権委員会法を統合し，人種・性別・年齢・障害・給付の有無などによる差別の禁止を制定した（制限つき）。</td></tr>
<tr><td>1999</td><td>●シップリー首相
(1997年12月～1999年11月)
国民党，NZ ファースト党</td><td>●総選挙で労働党と連合党が「障害者の社会参加におけるバリアの除去のための計画策定」を共同公約として掲げた。</td></tr>
<tr><td>2000</td><td rowspan="3">●クラーク首相
(1999年12月～2002年11月)
労働党，連合党，緑の党

○ルース・ダイソン閣内大臣，労働党
(1999年12月～2000年10月)
○ライアン・ダルジエル閣内大臣，労働党
(2000年10月～2001年6月)
○ルース・ダイソン閣内大臣，労働党
(2001年7月～2002年11月)</td><td>●15人の当事者・専門家による諮問委員会を5月に設置し，9月に「特色ある世界をつくる」を発表
○ニュージーランド公的保健・障害法を制定
・医療の資金供給を統合し，地区保健委員会（DHB）に分権
●諮問委員会「障害問題担当大臣への勧告」を提出（12月）</td></tr>
<tr><td>2001</td><td>●政府「機会への道筋―社会福祉から社会開発へ」を提唱
●政府「ニュージーランド障害戦略」を策定
・10省庁がワークプランを策定
●社会政策省を社会開発省に変更</td></tr>
<tr><td>2002</td><td>●社会開発省に障害問題担当局を創設（7月）</td></tr>
<tr><td>2003</td><td rowspan="3">●クラーク首相
(2002年12月～2005年11月)
労働党，革新党，統一未来党

○ルース・ダイソン閣内大臣，労働党
(2002年12月～2005年11月)</td><td>●「障害戦略」にもとづいて37省庁，3クラウン・エンティティがワークプランを策定
●65歳以上の高齢障害者福祉の財政供給を DHB に変更</td></tr>
<tr><td>2004</td><td>●精神障害のある人への差別を減じるための政府機関プラン（2005～2007）を策定</td></tr>
<tr><td>2005</td><td></td></tr>
<tr><td>2006</td><td rowspan="3">●クラーク首相
(2005年12月～2008年11月)
労働党，革新党，統一未来党，NZ ファースト党

○ルース・ダイソン閣内大臣，労働党
(2005年12月～2008年11月)</td><td>○手話言語法を制定
●政府「障害戦略」進捗状況を報告</td></tr>
<tr><td>2007</td><td>●障害者権利条約に署名
○障害者雇用促進法を廃止</td></tr>
<tr><td>2008</td><td>○障害者権利条約批准のための障害法を採択（9月）
・人権法をはじめ24の国内法の規定を，権利条約の原則に即した定義に修正した。
●障害者権利条約を批准（9月）</td></tr>
</table>

2009	●キー首相 （2008年12月～2011年11月） 国民党，ACT 党，統一未来党，マオリ党 ○ポーラ・ベネット閣内大臣，国民党 （2008年12月～2009年7月） ○タリアナ・トゥリア閣外大臣，マオリ党 （2009年7月～2011年11月）	
2010		○ニュージーランド公的保健・障害法の改正 ・公的資金の軽減と効率的な提供等を目的にDHBsの新しい目標とフレームワークを確立した。

図表2－4　障害者権利条約批准時に改正された国内法（制定年順）

1	河川委員会法（River Boards Act 1908）
2	ワイタンギ国家信託委員会法（Waitangi National Trust Board Act 1932）
3	土壌保全・河川管理法（Soil Conservation and Rivers Control Act 1941）
4	相互保険法（Mutual Insurance Act 1955）
5	マオリ評議員会法（Maori Trust Boards Act 1955）
6	管財人法（Trustee Act 1956）
7	タラナキ奨学基金法（Taranaki Scholarships Trust Board Act 1957）
8	社会保障法（Social Security Act 1964）
9	NZ 教育調査審議委員会法（New Zealand Council for Educational Research Act 1972）
10	陪審法（Juries Act 1981）
11	淡水魚養殖規則（Freshwater Fish Farming Regulations 1983）
12	教育法（Education Act 1989）
13	NZ 準備銀行法（Reserve Bank of New Zealand Act 1989）
14	酒類販売法（Sale of Liquor Act 1989）
15	児童支援規則（Child Support Rules 1992）
16	テ・トゥレ・ウェヌア・マオリ法（Te Ture Whenua Maori Act 1993）
17	人権法（Human Rights Act 1993）
18	海上輸送法（Maritime Transport Act 1994）
19	地域信託法（Community Trusts Act 1999）
20	計量規則（Weights and Measures Regulations 1999）
21	NZ 老齢年金・退職年金法（New Zealand Superannuation and Retirement Income Act 2001）
22	公益信託法（Public Trust Act 2001）
23	地方政府法（Local Government Act 2002）
24	車両販売法（Motor Vehicle Sales Act 2003）

とに障害戦略が策定されたことなども、日本にはない特徴といえる。

（京　俊輔・小野　浩）

注

（1）上田敏（二〇〇五）『ＩＣＦの理解と活用』ＫＳブックレット
（2）同前書
（3）八巻正治（二〇〇一）『アオテアロア　ニュージーランドの福祉――インクルージョンのまなざし』学苑社
（4）澤邉みさ子（二〇〇四）「一九九九年以降のニュージーランドの障害政策――〝障害の無い社会〟の実現に向けて」『東北公益文科大学総合研究論集：ｆｏｒｕｍ21』7、五三～七二頁
（5）New Zealand Legislation（2010）*Education Act 1989 Reprint as at 1 April 2012*
（6）藤井浩司（二〇〇四）「ニュージーランド――福祉資本主義の変容」久塚純一・岡沢憲夫編『世界の福祉――その理念と具体化（第2版）』早稲田大学出版部、三五～六一頁
（7）澤邉みさ子（二〇〇四）前掲書
（8）New Zealand Legislation（2011）*Human Rights Act 1993 Reprint as at 1 May 2011*
（9）八巻正治（二〇〇八）「インクルーシヴ福祉支援実践論研究［Ⅱ］――アオテアロア／ニュージーランドにおける施設解体閉鎖について」『社会福祉学研究』3、二九～四六頁
（10）ＮＺ障害問題担当局のウェブサイトにすべての版が紹介されているので、参照していただきたい。http://www.odi.govt.nz/resources/publications/new-zealand-disability-strategy.html（アクセス日二〇一二年六月一七日）
（11）澤邉みさ子（二〇〇四）前掲書

参考文献

上田敏（二〇〇五）『ICFの理解と活用』KSブックレット
八巻正治（二〇〇一）『アオテアロア　ニュージーランドの福祉——インクルージョンのまなざし』学苑社
澤邉みさ子（二〇〇四）「一九九九年以降のニュージーランドの障害政策——〝障害の無い社会〟の実現に向けて」『東北公益文科大学総合研究論集：forum21』7、五三〜七二頁
藤井浩司（二〇〇四）「ニュージーランド——福祉資本主義の変容」久塚純一・岡沢憲夫編『世界の福祉——その理念と具体化（第2版）』早稲田大学出版部、三五〜六一頁
New Zealand Legislation（2011）*Human Rights Act 1993 Reprint as at 1 May 2011*

第3章
障害戦略によって改革された制度とニーズ評価システム

本章では、ニュージーランド障害戦略(以下、障害戦略)によって障害のある人を支える体制・制度ならびに、ニーズ評価と支援・サービス利用のしくみがどのような体系に変えられたかを紹介する。

序章及び第1章で紹介したように、ニュージーランドの障害施策は、障害戦略が策定された二〇〇一年以前から、原則として政府が担っており、主に雇用施策及び所得保障は社会政策省が担当し、社会福祉施策は保健省が担当していた。しかし二〇〇一年の障害戦略を契機に、社会政策省を社会開発省に改め、雇用や所得保障だけでなく、地域での活動や暮らしの支援を同省が担当し、保健省の医療や保健施策と連携した省庁の機能分化や再編を行なった。

それら行政組織の再編のもとで、所得保障制度がどのように実施され、またNGOを含め、福祉サービスの実施体制がどのように再編されたかを概観する。

さらにそのうえで、ニーズ評価と支援・サービス利用のしくみを、日本の障害程度区分認定調査と比較検討しながら解説する。

1 雇用と福祉を結びつけた障害施策への転換

●障害施策を担う省庁の体制

雇用や所得保障とともに、地域での活動や暮らしの支援を担当する省庁とした社会開発省の創設は、すなわち、雇用と福祉を切り離して制度や施策を実施するのではなく、それらを一体的に実施する体制であり、日本でいえば、まさに「ハローワークと福祉事務所をドッキング」した体制といえる。

具体的には、**図表3-1**のように、障害のある人のニーズやライフステージごとに整理すると、障害施策を担当する公的機関は大きく三つに分けられる。

事故などによる疾病やそれに伴う障害のある人は、事故補償制度（ACC）により対応している。事故補償制度の詳細は後述するが、主に交通事故や労働災害などで障害を負った中途障害のある人たちに係る生活支援やリハビリテーション、医療の提供を行ない、社会や就業への復帰までを支えると同時に、事故以前に得ていた所得の八〇％を事故補償制度が給付するなど、ニュージーランド独特の制度である。

また、生まれながらの知的障害や身体障害のある人、また発達障害のある人などに対する障害施策は、教育省、社会開発省、保健省と三省にまたがって対応している。

本章では社会的アプローチの考え方の大きな柱の一つである所得保障制度の概要と特徴を紹介し、そのうえでそれぞれの省庁やクラウン・エンティティの施策、NGOとの関係や役割分担について、詳しく見ていくこととしたい。

なおこれらの雇用・就労支援や福祉の支援の主な財源としては、健康保険制度等がないため、法人税をはじめ一〇・五％、一七・五％、三〇％、三三％の四段階の所得税と一五％の間接税を財源に政府が実施している。また事故補償制度はレビーという国民の拠出金をもとに基金を設立し運用している。

●年金・給付制度の特徴

ニュージーランドの特徴の一つとして、社会開発省の雇用・所得保障局がある。雇用・所得保障局では、その名のとおり、経済的支援が必要な人に対する各種給付の支給や、障害のある人等に対する就労・活動支

図表 3－1　ニュージーランドの障害施策における省庁の役割分担とシステム

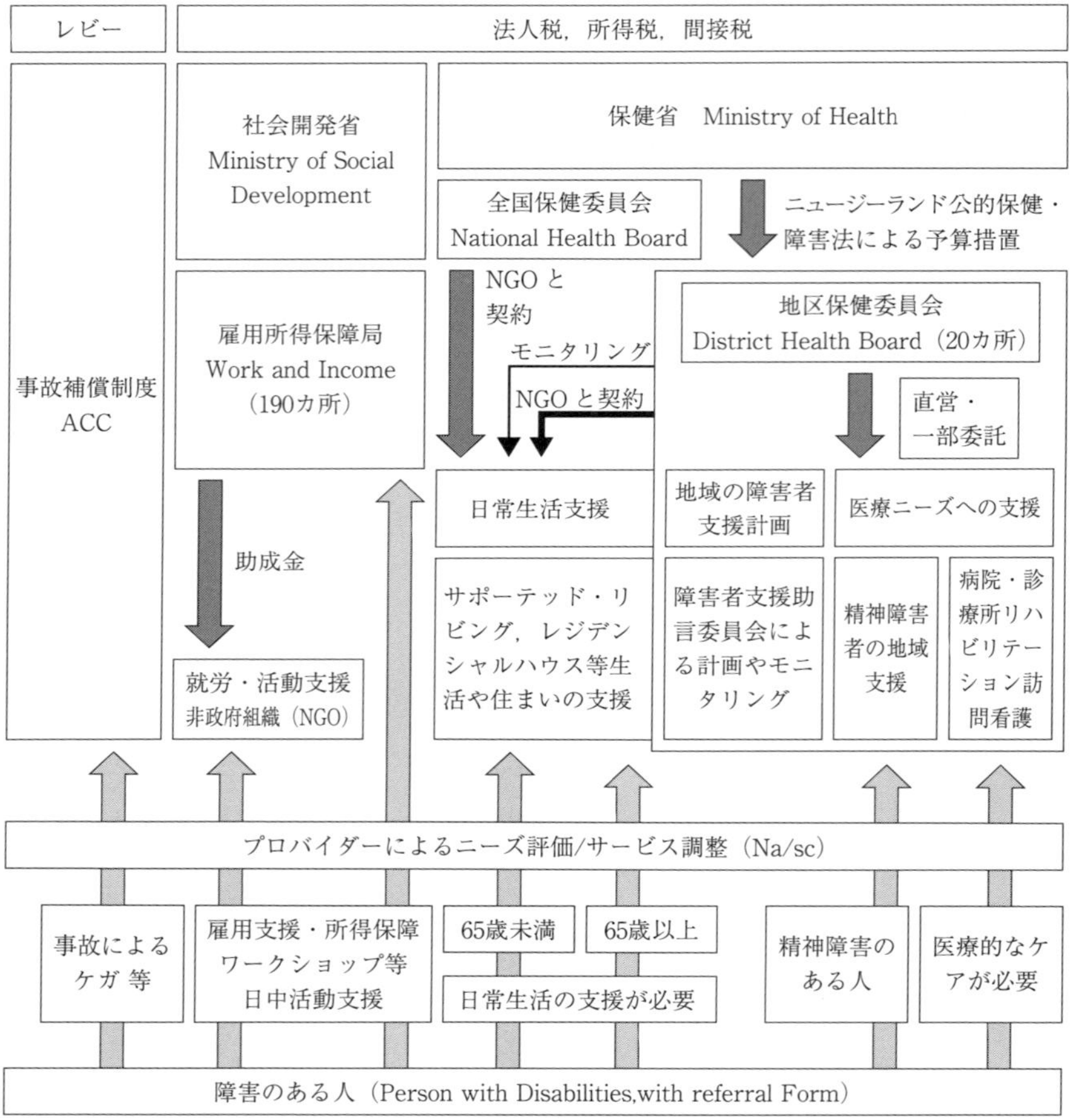
レビー
法人税，所得税，間接税
事故補償制度
ACC
社会開発省
Ministry of Social Development
保健省　Ministry of Health
全国保健委員会
National Health Board
ニュージーランド公的保健・障害法による予算措置
雇用所得保障局
Work and Income
（190カ所）
NGO と契約
モニタリング
NGO と契約
地区保健委員会
District Health Board（20カ所）
直営・一部委託
助成金
日常生活支援
地域の障害者支援計画
医療ニーズへの支援
サポーテッド・リビング，レジデンシャルハウス等生活や住まいの支援
障害者支援助言委員会による計画やモニタリング
精神障害者の地域支援
病院・診療所リハビリテーション訪問看護
就労・活動支援
非政府組織（NGO）
プロバイダーによるニーズ評価/サービス調整（Na/sc）
事故によるケガ 等
雇用支援・所得保障
ワークショップ等
日中活動支援
65歳未満
65歳以上
日常生活の支援が必要
精神障害のある人
医療的なケアが必要
障害のある人（Person with Disabilities,with referral Form）

図表3－2　ニュージーランドの各種所得保障制度

年金・給付制度		給付要件・対象
社会保障法	国民老齢年金	65歳以上の高齢者
	孤児給付	18歳以下の孤児
	寡婦給付	寡婦もしくは遺棄された妻と子ども
	障害給付	16歳以上の障害のある人
	疾病給付	病気・ケガのために一時的に就労が困難な人
	失業給付	失業し再就労の困難が継続している人
	家事専従給付	50歳以上の一人暮らしの女性，一人介護で働くことが困難な人
事故補償制度（ACC）		事故，ケガ，がん，DVなどにより，長期の治療やリハビリが必要な人（公的医療機関の場合は，治療費・リハビリテーションの費用は全額支給）

援プログラムの提供を行なっている。

まず所得保障の給付制度であるが、**図表3-2**にあるように、対象別に基本となる年金・給付制度が整備されており、その他にも、個別のニーズや生活困難に対応した補助的な手当制度が整備されている（詳細な金額等は**図表3-3**）。

これらの給付制度は、基本的に一九三八年社会保障法を根拠法令としているが、**図表3-4**にみられるように、時代背景や政権交代を経るなかでさまざまな改良・修正が施されてきた。たとえば、一九三八年社会保障法による所得保障制度は、一九六〇～一九八〇年代の間に資産調査を廃止するとともに、国民年金と老齢年金の統合、家族給付の改良、障害給付の改良とあわせて障害手当の創設などをすすめてきた。その後、一九九〇年代には、逼迫する財政問題の影響を受け、一部の給付制度に「ワークテスト（就労義務）」を導入するなど大きな見直しが行なわれたが、一九九九年のクラーク労働党連立政権において、ワークテストは廃止され、元の給付制度にもどしている。

●障害のある人の所得保障としての障害給付

日本の障害のある人の所得保障の基本は、障害年金制度である。同制度は大きく二種類に分けられ、生まれながらの障害のある人は、国民年金制度を基盤とした障害基礎年金制度により、医学的判定で重い人が一級、中程度以下の人は二級年金が二〇歳から支給される。それに対して人生半ばに障害を負った人

付・手当の種別と支給額（2012年４月現在）　　($)

臨時的な週支給標準額	住宅手当（週支給額）					
	対象住居		手当支給額の上限			
	借家	購入住宅	最も地価の高い地域	比較的地価の高い地域	中程度の地価の地域	比較的地価の低い地域
116.69	64.00	77.00	145.00	100.00	65.00	45.00
165.61	64.00	77.00	145.00	100.00	65.00	45.00
302.12	107.00	128.00	160.00	125.00	75.00	55.00
—	—	—	—	—	—	—
1)	107.00	129.00	2)			
	130.00	156.00	225.00	165.00	120.00	75.00
—	—	—	—	—	—	—
87.58	51.00	61.00	145.00	100.00	65.00	45.00
87.58	51.00	61.00	145.00	100.00	65.00	45.00
87.58	51.00	61.00	145.00	100.00	65.00	45.00
122.07	51.00	61.00	145.00	100.00	65.00	45.00
229.02	85.00	102.00	160.00	125.00	75.00	55.00
—	—	—	—	—	—	—
1)	97.00	116.00	2)			
	109.00	130.00	225.00	165.00	120.00	75.00
—	—	—	—	—	—	—

地域／世帯	最も地価の高い地域	比較的地価の高い地域	中程度の地価の地域	比較的地価の低い地域
２人世帯	160.00	125.00	75.00	55.00
３人以上の世帯	225.00	165.00	120.00	75.00

図表3－3　ニュージーランドの障害関連給

基本給付				税抜き後の週支給額	税込の週支給額
給付制度		支給要件			
社会保障法（無拠出）	障害給付	扶養児童なし	16～17歳の未婚者	207.32	231.64
			18歳以上の未婚者	256.19	287.69
			既婚者（世帯単位）	426.98	477.08
			既婚者（個別に給付）	213.49	238.54
		扶養児童あり	一人親世帯	336.65	385.10
			既婚者で児童が一人以上（世帯単位）	426.98	477.08
			既婚者で児童が一人以上（個別に給付）	213.49	238.54
	失業給付 疾病給付 ※個別の給付制度だが，給付要件・額は同じ	扶養児童なし	18歳～19歳の未婚者	136.64	152.67
			18歳～19歳の未婚者で一人暮らし	170.80	190.84
			20歳～24歳の未婚者	170.80	190.84
			25歳以上の未婚者	204.96	229.01
			既婚者（世帯単位）	341.60	381.68
			既婚者（個別に給付）	170.80	190.84
		扶養児童あり	一人親世帯	293.58	333.01
			既婚者で児童が一人以上（世帯単位）	341.60	381.68
			既婚者で児童が一人以上（個別に給付）	170.80	190.84

（注）１）特別給付の基準は，主となる給付の控除前の金額と，家族控除の控除前の金額を合わせた額の70％に相当。
２）住宅手当の上限額は右の表のとおり。
３）対象者は在宅なので，住宅ローンの利率は関連なし。
４）障害給付や失業給付・疾病給付などの基本給付の非受給者に対する住宅手当の支給基準額とその上限は，失業給付や疾病給付受給者と同額。また基本給付を受給していない16歳と17歳に対する住宅手当の支給基準額とその上限は，非受給の18歳と19歳と同額。

（出所）http://www.workandincome.govt.nz/individuals/forms-and-brochures/benefit-rates-april-2012.html より作成。

における所得保障制度の変遷

<table>
<tr><th colspan="2">1960～80年代改革</th><th colspan="2">1990年代改革
1998年 Work and Income（新組織・サービス体系）設立</th><th>2000年代改革</th></tr>
<tr><td></td><td rowspan="2">1977年　マルドーン国民党政権下
制度を統合し，無拠出で60歳以上の全高齢者に支給。夫婦は税抜き前平均賃金の80％を支給

1989年以降
税引き後，平均賃金額の65～72.5％の間の額を支給</td><td rowspan="3">給付額引き下げの対象外</td><td rowspan="2">就労義務の対象外</td><td rowspan="2">クラーク政権下
夫婦の支給額は税引き後平均賃金額の65％</td></tr>
<tr><td rowspan="2">1962年
資産調査全廃</td></tr>
<tr><td rowspan="2">従前・改正後のまま継続</td><td colspan="2">現行のまま（給付額引き下げのまま）</td></tr>
<tr><td rowspan="2"></td><td>1991年
子のない寡婦のみ給付額の引き下げ</td><td>就労義務の対象外</td><td>現行のまま</td></tr>
<tr><td>1969年　家族扶養手当
1972年　扶養児童付加給付
1979年　児童補足
1984年　ファミリーケア
1986年　家族扶助税額控除，最低家族所得保障
などを導入</td><td colspan="2">1991年廃止　家族扶助税額控除で対応</td><td>2004年
Working for Families
16歳以下の子どものいるすべての家族の両立支援住居費・育児費用等</td></tr>
<tr><td rowspan="2">1962年
資産調査全廃</td><td colspan="4">・障害給付（Invalids Benefit）　障害の状態が２年以上継続し，週15時間（１日３時間）以上働くことが困難な人
⇒　1996年から給付減額開始の収入額を週50ドルから80ドルに引き上げ，就労のインセンティブをつけた
・障害手当（Disability Allowance）　障害が６ヶ月以上継続し，所得調査を受けた人
⇒　障害に伴う特別な支援が必要な場合，特別な住宅手当や投薬手当などの個別手当がある
・障害児手当（Child Disability Allowance）　重度の身体または知的障害を持っていて，12ヶ月以上継続的な支援が必要な人</td></tr>
<tr><td>改正後のまま継続</td><td>1991年
子のない疾病，失業者の給付額引き下げ
1996年
疾病，失業給付にワークテスト（就労義務）を導入</td><td>1999年
疾病，失業，家事専従給付をコミュニティ・ウェッジに統廃合（就労義務の強化）</td><td>2001年
コミュニティ・ウェッジの廃止疾病給付，失業給付の復活</td></tr>
<tr><td colspan="2">1964年　社会保障法改正以後に廃止</td><td colspan="3" rowspan="2">廃止</td></tr>
<tr><td colspan="2">1964年　社会保障法改正以前に廃止</td></tr>
<tr><td colspan="2">1974年
ひとり親，離婚・別居，一人暮らしの高齢女性，一人介護世帯等で働くことが困難な人</td><td>1992年
子のない家事専従給付対象者の給付額引き下げ</td><td>1999年
コミュニティ・ウェッジに統廃合（就労義務の強化）</td><td>2001年
コミュニティ・ウェッジの廃止
家事専従給付の復活</td></tr>
<tr><td colspan="5">1972年　従前所得の80％を補償</td></tr>
<tr><td>1975年
17～65歳の就労者・雇用者に賃金の４％の拠出を強制し退職後の年金をまかなう</td><td>1977年
廃止</td><td colspan="3"></td></tr>
</table>

ド・ノート』第５号をもとに，小野が作成。

図表3－4　ニュージーランド

		1938年創設時の要件	1940年代改革
社会保障法（無拠出）	国民老齢年金（Superannuation Benefits → National Superannuation Scheme）	居住要件，65歳以上	
社会保障法（無拠出）	老齢給付（Benefits in respect of Age）	居住要件，所得・資産調査，60歳以上，道徳条項	
社会保障法（無拠出）	孤児給付（Benefits in respect of Orphanhood）	16歳以下の孤児，所得・資産調査，居住要件	
社会保障法（無拠出）	寡婦給付（Benefits in respect of Widowhood）	寡婦もしくは遺棄された妻と子ども，所得調査，道徳条項，居住要件	
社会保障法（無拠出）	家族給付（Family Benefits）	子が3人以上の世帯，所得調査，道徳条項，居住要件	1946年 所得調査廃止
社会保障法（無拠出）	障害給付（Invalids Benefits）	16歳以上の障害者，所得・資産調査，道徳条項，居住要件	
社会保障法（無拠出）	疾病給付（Benefits in respect of Temporary Incapacity due to Sickness or Accident）	病気・怪我のため一時的に就労不能，所得・資産調査，居住要件，（所得補足の上限は賃金額）	
社会保障法（無拠出）	失業給付（Benefits in respect of Unemployment）	失業，所得・資産調査，居住要件	
社会保障法（無拠出）	鉱夫給付（Miners' Benefits）	肺病などの罹患，所得調査，道徳条項，居住要件	
社会保障法（無拠出）	緊急給付（Emergency Benefits）	社会保障委員会が支給	
社会保障法（無拠出）	マオリ戦争給付（Maori War Benefits）	マオリ戦争での功績，道徳条項，居住要件	
社会保障法（無拠出）	家事専従給付（Domestic Purposes Benefits）		
事故補償制度（Accident Compensation Act）			
強制貯蓄方式の年金（New Zealand Superannuation Scheme）			

（出所）　武田真理子（2005）「ニュージーランドの社会保障制度と変革期における位置」『ニュージーラン

たちで厚生年金に納めてきた人は障害厚生年金により、納めた金額と年数に応じた年金が支給される。なお、厚生年金ではなく、国民年金に拠出してきた自営業者の場合は、前述の障害基礎年金が支給される。

このように日本では、年金制度の違いなどによって支給される金額が異なる。また、三障害に該当せず、障害認定の対象外となってしまう難病や発達障害の人たちは、年金支給の対象からも除外されてしまい「無年金」となってしまう。さらに、障害基礎年金の支給額は、ナショナルミニマム（国の最低基準）である生活保護費を下回ってしまう場合が多いという課題がある。

それに対して、ニュージーランドの障害給付は、「障害のある状態が二年以上続き、週一五時間（一日三時間）以上働くことが困難な人」に支給され、日本のように三障害に限定されていない。図表3-3にあるように、一六歳から年齢別・未婚既婚（同性愛者を含む）、児童扶養の有無別に支給額が定められているとともに、四つの居住地域ごとに定められた住宅手当が上乗せ支給される。

また、ニュージーランドの障害給付は、ナショナルミニマムである疾病給付と失業給付を下回ることはなく、就労のみならず給付も含めて、自立を支える社会的アプローチの考え方にもとづいた所得保障制度を実現している。そのほか、補助的な手当や一定の就労収入週八〇ドル（五六〇〇円）による減額給付などがある。

●福祉サービスの実施体制と非政府組織（NGO）

主な福祉サービスは、二〇〇〇年に成立したニュージーランド公的保健・障害法（New Zealand Public Health and Disability Act, 2000）を根拠法令に、保健省のもとに設立されたクラウン・エンティティである全国二〇の地区保健委員会（District Health Boards）が地域医療や保健を実施している。

地区保健委員会は、医療提供のための病院やリハビリテーション、訪問看護の提供、精神障害のある人に対する地域生活支援などを行なうとともに、各地域の障害者支援計画を策定、モニタリングする障害者支援助言委員会（Disability Support Advisory Committee）など、地域の医療や支援の中核を担う機関である。

また、障害のある人たちが利用しているサポーテッド・リビング（ホームヘルプサービス）やショートステイなどへの公費支給は保健省の所管する全国保健委員会が行なっているが、直接の支援はＮＧＯのサービスプロバイダーが行なっている。そうした福祉の支援の必要量等を判定し調整するシステムである「ニーズ評価／サービス調整（Needs assessment/service coordination : Na/sc）」についても、地区保健委員会と契約したＮＧＯのプロバイダーが行なっている。

このニーズ評価／サービス調整は、日本の障害程度区分認定調査のように、医学的な視点が強い機能障害の認定ではなく、障害のある人のニーズを評価し、支援内容や量を決定するシステムである。

そのシステムの詳細は、次節で紹介することから、ここでは、ニーズ評価を受けた障害のある人が福祉の支援の利用に至るまでの流れを紹介する。

図表3-5は、首都ウェリントンの郊外にあるキャピタル・コーストの地区保健委員会（Capital & coast DHB）との契約でニーズ評価／サービス調整を実施しているキャピタル・サポート（Capital Support）での評価・判定やサービスプロバイダーとの調整協議をもとに、サービス提供に至るまでのしくみを整理したものである。

キャピタル・サポートでは、ニーズ評価にもとづいてアセスメント報告書を作成し、それをもとに実際のサービス提供を行なうサービスプロバイダーと調整・協議し、支援の提供につなげている。

サービスプロバイダーは、この支援の提供についての「成果やサービス実績」（アウトプット）を報告し、

図表3-5　ニーズ評価／サービス調整（Na/sc）の窓口からサービス提供までの流れ

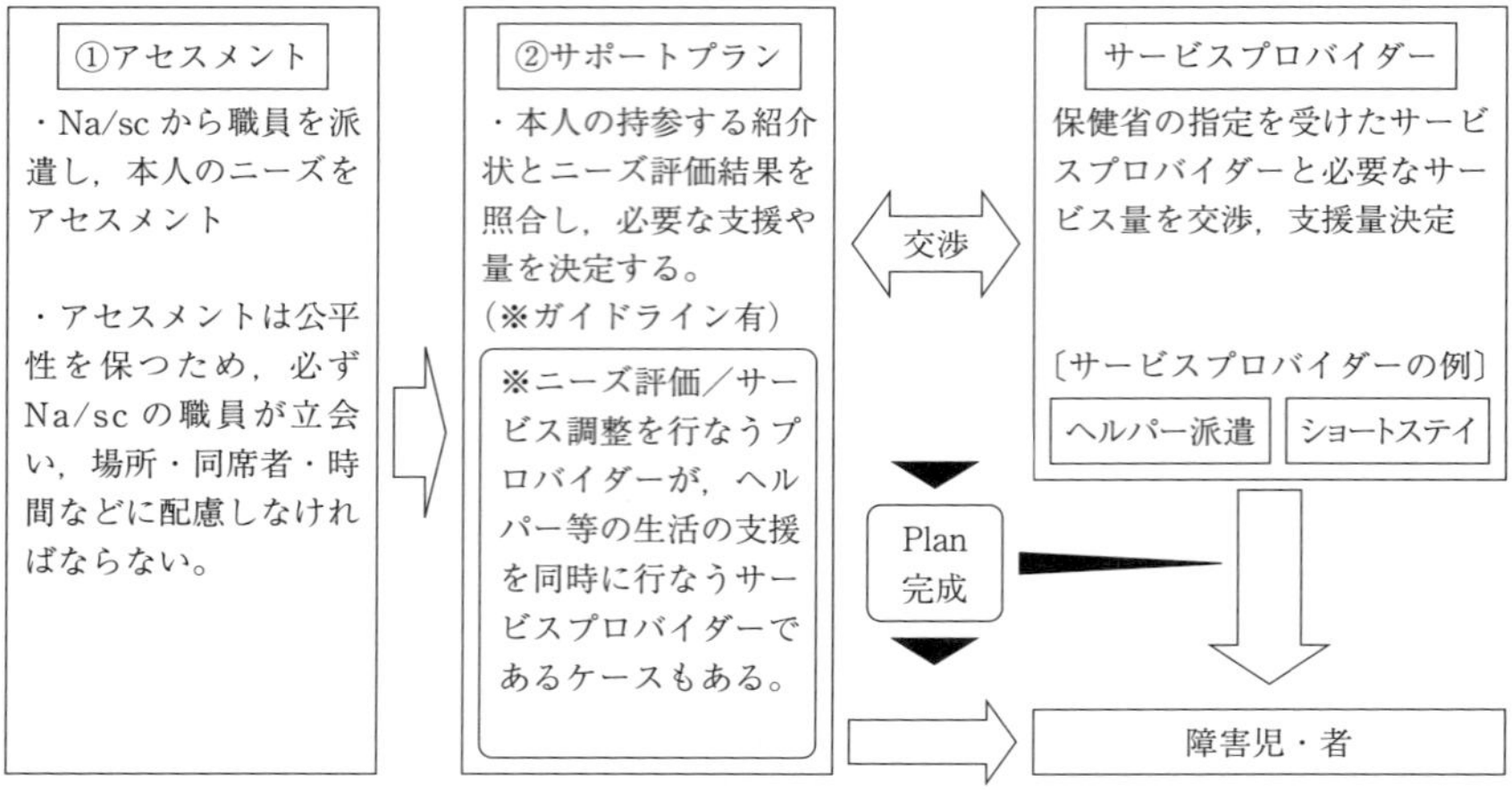
①アセスメント
・Na/scから職員を派遣し，本人のニーズをアセスメント
・アセスメントは公平性を保つため，必ずNa/scの職員が立会い，場所・同席者・時間などに配慮しなければならない。
②サポートプラン
・本人の持参する紹介状とニーズ評価結果を照合し，必要な支援や量を決定する。
（※ガイドライン有）
※ニーズ評価／サービス調整を行なうプロバイダーが，ヘルパー等の生活の支援を同時に行なうサービスプロバイダーであるケースもある。
交渉
サービスプロバイダー
保健省の指定を受けたサービスプロバイダーと必要なサービス量を交渉，支援量決定
〔サービスプロバイダーの例〕
ヘルパー派遣
ショートステイ
Plan
完成
障害児・者

それにもとづいて全国保健委員会は公的資金を交付し、サービスプロバイダーは活動している。この流れは、基準により人員や設備など（インプット）のサービス水準を平準化し、それに対する対価を障害のある人に対して支払う日本の形式（実際にはほとんどが法定代理受領である）と異なり、あくまで「サービスプロバイダーがどのような成果をあげたか」が重視されており、日本のしくみと大きく異なっている。

こうした福祉の支援の提供に至るプロセスと契約・公費支給の流れは、**図表3-6**のようになり、日本のしくみとは大きく異なる。

●事故補償制度（ACC）の概要とシステム

事故補償制度（ACC）は、一九七二年の事故補償法にもとづいて創設された制度であり、クラウン・エンティティとして運営され、ニュージーランド国内で事故に遭ったすべての人（外国人を含む）に適用される、他に例をみない制度である。

一九七二年の事故補償法により設置された事故補償制度は、運営・資金源の面で改変を繰り返してきたが、一貫した基本方針として、「法廷訴訟を経ずに、ケガの補償を提供すること」を掲げ

図表3-6　ニュージーランドと日本のサービス事業者等との関係比較

《日本／あくまで法定代理受領，支給決定等自治体が実施》

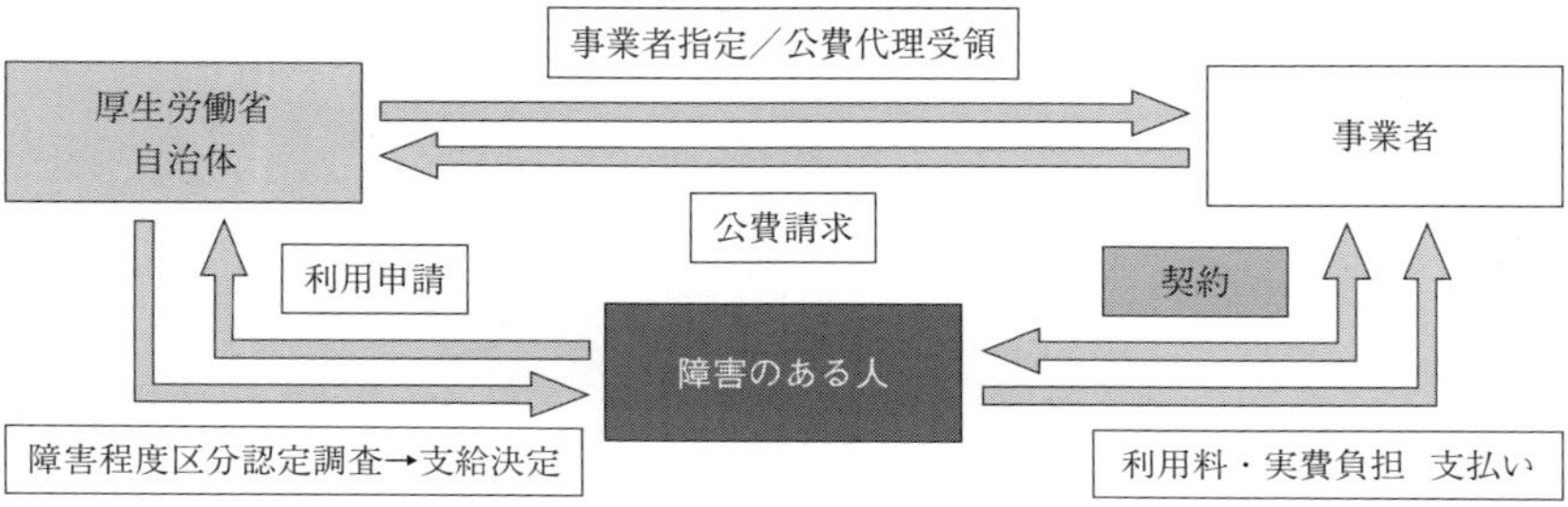

《ニュージーランド／現物給付，支援にかかる利用者負担なし，サービス調整はプロバイダーによる》

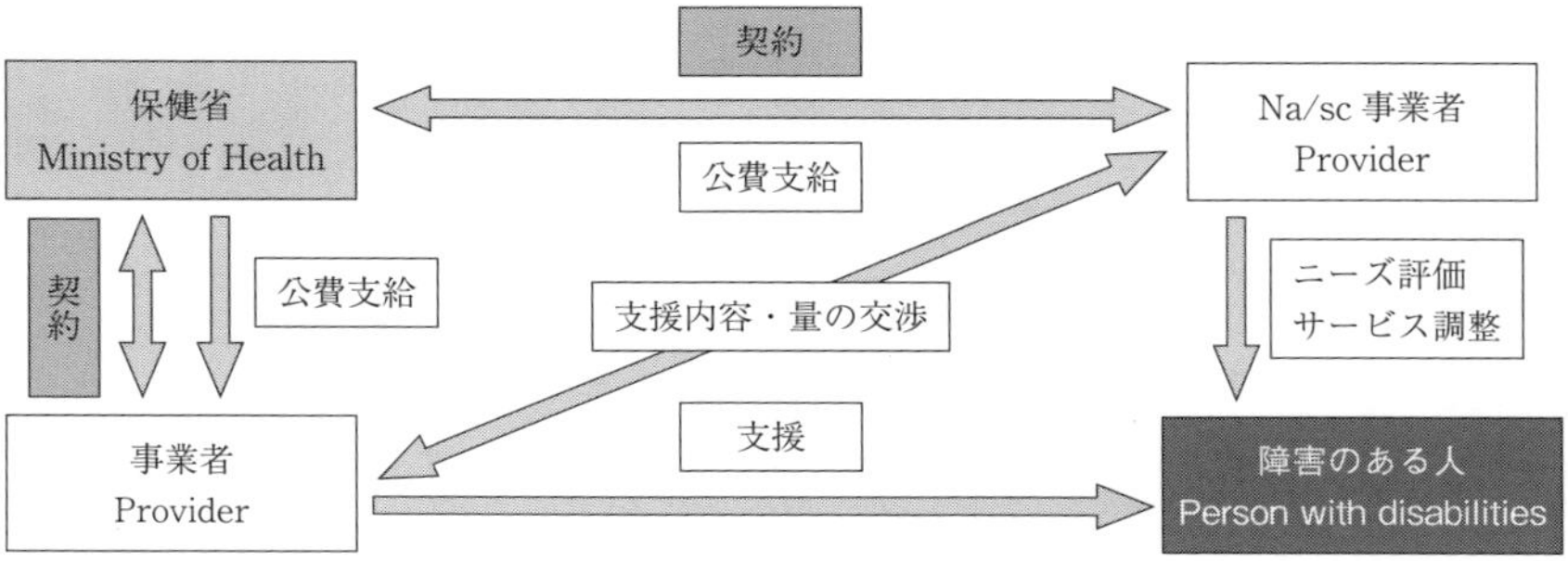

ている。また、事故・災害によるケガだけでなく、癌やDVによる身体的・精神的障害も対象としている。

そのため、逆に懲罰的な損害賠償ケースを除き、個人的にケガの損害賠償訴訟を起こすことはできないというリスクも負うこととなるが、事故でけがをした人は、補助金、無料の治療、治療中に発生した所得損失の補償（従前の八〇％）、リハビリテーション援助などを受けることができ、訴訟の判決を待つことなく、速やかにサービスの提供をうけることができる。

また事故補償制度は、けが人を支援するだけでなく、道路や職場から競技場や家庭まで、あらゆる生活空間の安全確保のための教育プログラムも準備し、事故予防にも力を入れている。

制度運営のための財源はレビーという

▶一番最初に設立したLinwood CL（クライストチャーチ）

国民の拠出金を基金として賄っているが、レビーは、仕事の危険度（事故のリスク度）に応じた事業者への課徴金となっている。しかし、課徴金の公平さに対して批判もあったことから、二〇一一年より職場に対する評価指標も導入するようになった。

こうした事故補償制度は、人生半ばに障害を負うこととなった人に対する総合的な支援を行なう制度であり、日本国内には存在しない制度であると同時に、事故等に起因する障害のある人に対する支援のしくみや水準は、生まれながらの障害のある人に対するしくみや水準の違いに課題を残している。

しかしながら事故補償制度は、その運営に関し、支出の増大などさまざまな課題を抱えている事実はあるが、一貫した基本方針により、ひろく国民に認められる制度となっている。

●コミュニティ・リンクの創設による支援の拡充とＮＧＯ

二〇〇八年に創設されたコミュニティ・リンク（Community Link）は、「多様なニーズに対する多様な社会サービス、諸団体・機関による支援を一か所で受けることのできる場所」をめざした行政とＮＧＯの対等なパートナーシップにもとづく「ワンストップ・サービス」制度である。

コミュニティ・リンクの土地や建物は社会開発省の管轄となるが、その運営は、支援団体や機関で構成される運営委員会（Executive Committee）が担い、代表はＮＧＯから選出することとなっている。

コミュニティ・リンクは、パートナーとなる関係団体・機関とパートナーシップを結び、支援を必要とする人に対し、連携して支援を行なっていくこととなっており、窓口がどの団体・機関の誰であろうと、ニーズを把握してパートナーの団体・機関とチームを組み、問題解決を図るスタンスをとっている。

コミュニティ・リンクは、各地域のニーズや課題を把握し、必要な団体や機関がパートナーシップを結ぶ方式を取るため、地域によって参加している団体・機関の差があるが、逆にこうした柔軟な運営形態は、地域のニーズに即した支援を可能とすることから、きめ細やかな支援ニーズへの対応を可能とする制度となっており、今後のニュージーランドの福祉サービスなどの支援体制の主軸を担う制度と考えられる。

今後、さらに幅広く、細やかな展開をするためには、各団体・機関の水準の向上や個々のケースマネジメント能力の向上など、その制度を活かすための手立ても十分に行う必要はあるが、日本における「ワンストップ・サービス」を考える際の一つの参考になるものとして、今後も引き続き見ていくこととしたい。

2　人生設計や支援の必要度を評価するシステム

障害戦略の目標7の行動計画にもとづいて、二〇〇二年に改良・刷新されたのが、障害のある人と家族の意向とニーズを評価し、支援プランを作成するニーズ評価／サービス調整の「ガイドライン」である。

本節では、ニーズ評価／サービス調整の「二〇〇二年版ガイドライン」にもとづいて、ニーズの評価と支援のサービス調整までのシステムについて、日本の障害程度区分認定調査と比較しながら、その特徴を紹介する。比較検討することによってこそ、より「社会モデルとは何か」の理解がすすむからである。

図表3-7　日本の障害程度区分認定調査とニュージーランドのニーズ評価の比較

●日本の106項目の障害程度区分認定調査●

調査項目		回答
概況調査	障害の種類	機能障害別の選択回答
	障害等級	障害者手帳の等級
	障害年金等の有無	障害基礎年金等の等級
	生活保護の受給	受給の有無
	外出の頻度と社会活動	外出の回数と活動参加の内容
	施設入所履歴	入所期間とその施設種別
	病院入院履歴	入院期間とその原因
	就労経験及び希望	就労の内容と期間，希望の有無
	日中活動	主に利用している資源（施設・病院等）
	介護者	介護者の有無と健康状態
	居住形態	居住している場所・資源等
介護保険の要介護認定にもとづく調査項目	麻痺の有無と部位	なし，左右上肢，左右下肢，その他
	関節可動制限の部位	なし，肩，肘，股，膝，足，その他
	寝返りと起き上がり	できる，つかまればできる，できない
	座位	できる，支えがあればできる，できない
	両足立位，歩行，起立，片足立位	できる，つかまればできる，できない
	移乗，移動	できる，見守り，一部介助，全介助
	洗身	できる，一部介助，全介助，行っていない
	嚥下（えんげ）	できる，見守り，できない
	食事摂取，排せつ	できる，見守り，一部介助，全介助
	口腔洗浄，洗顔，整髪，つめ切り	できる，一部介助，全介助
	上下の更衣，服薬	できる，見守り，一部介助，全介助
	金銭管理	できる，一部介助，全介助
	日常の意思決定，伝達	できる，場合による，困難，できない
	視力・聴力	普通，場合によっては困難，不可能
	意思の伝達	普通，場合によっては困難，不可能
	毎日の日課の理解	できる，できない
	生年月日や年齢の記憶	できる，できない
	直前の質問の記憶	できる，できない
	自分の名前記憶	できる，できない
	今の季節の理解	できる，できない
	自分がいる場所の理解	できる，できない
	被害妄想，作話を放言する	ない，時々ある，ある
	泣き笑いなどの感情が不安定	ない，時々ある，ある
	夜間不眠や昼夜逆転	ない，時々ある，ある
	しつこく同じ話を繰り返す	ない，時々ある，ある
	大声を出す	ない，時々ある，ある

●ニュージーランドのニーズ評価●

評価項目	設問内容
本人の情報	可能な場合は民族の確認 機能面からの障害の性質と診断者の確認 健康にとって必要な情報
情報提供の同意	本人もしくは代理人による確認
生活環境	同居者，適合性，期間，環境の把握
現在の支援状況	現在利用している支援やサービスの確認
コミュニケーション	ニーズを表現する能力・方法，利用機器の確認 他者の意見を理解することができるか
可動性	家の中で動く方法，利用器具，安全性 家の周辺の可動性 地域での商店や公共施設へのアクセス方法 移動・交通手段の確認 転倒後に立ち上がる手段・方法の確認 転倒の危険性の要素の確認
レクリエーション	参加の機会はあるのか 本人の希望と参加のための必要な支援
所得状況	稼得収入と受給している給付・手当等の確認
家事援助	買い物の方法とアクセスの状況 どのように調理をしているか 家事ではどんな支援が必要か 洗濯の方法の確認 支払いなどの手続きの確認 火の管理の方法と本人の能力 家の鍵閉めなどの安全対策
身辺の支援	ベッドでの体位変更や寝具の調整 入浴での安全性の確保と利用器具の確認 整髪，髭剃り，化粧などの状況の確認 歯みがきの方法と困難の確認 爪切りのケアと安全性の考慮は 尿意・便意を訴えることができるか 排せつの困難と必要な支援は 生理の管理能力と必要な支援は 薬の入手方法と投薬の管理方法 食事，嚥下の能力と安全性の考慮は 飲水の吸引や嚥下能力と容器の考慮は 自ら医師に不健康や痛みを訴える力はあるか 睡眠に必要な注意レベル
社会性	友人や仲間に溶け込めず，孤立しているか 何らかのグループに所属しているか

	助言・介護に抵抗	ない，時々ある，ある
	徘徊，いつも落ち着きがない	ない，時々ある，ある
	外出すると一人で戻れない	ない，時々ある，ある
	一人で外出したがり目が離せない	ない，時々ある，ある
	いろいろな物を無断で集める	ない，時々ある，ある
	物を壊したり，破いたりする	ない，時々ある，ある
	ひどいもの忘れがある	ない，時々ある，ある
	特定の物や人にこだわる	ない，時々ある，ある
	話がまとまらず会話できない	ない，時々ある，ある
	２週間以内の医科診療	処置内容と特別な対応の有無
	調理（献立を含む）	できる，見守り，一部介助，全介助
	買い物	できる，見守り，一部介助，全介助
その他の行動障害・IADL等の調査項目	じょくそう（床ずれ）の有無	ある，なし
	飲水	できる，見守り，一部介助，全介助
	電話の利用	できる，一部介助，全介助
	本人独自の表現方法	できる，時々できない，できない等
	介護者の指示への反応	通じる，時々通じる，通じない等
	言葉以外の伝達の理解	できる，時々できない，理解できない等
	幻覚，幻聴	ない，時々ある，ある
	暴言・暴行行為	ない，時々ある，ある
	火の始末，火元の管理	ない，時々ある，ある
	排泄物等をもてあそぶ	ない，時々ある，ある
	食べられないものを口にする	ない，時々ある，ある
	多動，パニック等の行動	ない，時々ある，頻回にある，毎日ある等
	自傷や他傷の行為	ない，時々ある，頻回にある，毎日ある等
	他人に抱きついたり，物をとる	ない，時々ある，頻回にある，毎日ある等
	突発的に通常と異なる声を出す	ない，時々ある，頻回にある，毎日ある等
	突発的な行動がある	ない，時々ある，頻回にある，毎日ある等
	食事で過食，反すうがある	ない，時々ある，頻回にある，毎日ある等
	憂鬱で，思考力が低下する	ない，時々ある，ある
	確認などで日常動作が遅い	ない，時々ある，ある
	他者との交流が不安なため外出できない	ない，時々ある，ある
	一日中，自室にこもり何もしない	ない，時々ある，ある
	集中が続かず達成できない	ない，時々ある，ある
	自己を過剰に評価する	ない，時々ある，ある
	疑い深く他者を拒否する	ない，時々ある，ある
	配下膳，掃除，洗濯，入浴準備	できる，見守り，一部介助，全介助
	交通手段の利用	できる，見守り，一部介助，全介助
	文字の視覚的認識	できる，一部介助，全介助

	性的志向
記憶行動と認知	障害による家族への影響と対応能力 本人の身の回りの安全性は 問題行動の契機や背景となる理由は 誰がどのように支援するか
教育，職業，ボランティア	どこで，どのような教育を受けてきたか 本人の教育ニーズは満たされているか 本人の就労ニーズと目標は ボランティア活動に参加しているか
文化	本人にとっての重要な文化的視点は 参加が困難な場合の要因は
精神	本人にとっての重要な精神的視点 参加が困難な場合の要因は
本人の目標	本人の目標，夢，将来の計画とは 短期と長期の視点から
他の情報	その他，本人が付け加えたい要望
介護人の情報	介護人の支援レベルとその利用レベルは

ニーズ評価の結果と「アセスメント報告書」作成の手続き

未解決の支援ニーズの特定	未解決ニーズと本人の目標を文書化する 本人はニーズの優先順位を主張できる
アセスメント内容への本人の同意	本人がアセスメント内容を考える機会をつくる アセスメントの修正・訂正も可能 最終的に本人の同意を得て「アセスメント報告書」を作成する

（出所）　厚生労働省「障害程度区分調査項目」及び「認定調査員マニュアル」，「要介護認定調査項目」及び「認定調査員テキスト」，*Support Needs Assessment and Service Co-ordination Policy, Procedure and Information Reportin Guidelines* をもとに小野が作成。

●社会モデルに徹したニーズ評価（アセスメント）

まずニーズ評価／サービス調整は、社会モデルに徹している。図表3-7にあるように、ニーズ評価／サービス調整は、日常・社会生活での必要な支援をはじめ、レクリエーションや友人関係、社会活動への参加の「支援の必要度の把握」が目的となっており、完全な社会モデルであるといえる。

一方、日本の一〇六項目の障害程度区分認定調査は、介護保険制度の七九項目の要介護認定をもとに策定されたため、麻痺や関節可動制限の部位、座位・立位などの身体機能の障害と、記憶・理解・感情のコントロールなどの機能・能力障害についての「障害程度の把握」が目的であり、徹頭徹尾、医学モデルである。

●本人同意の「アセスメント報告書」と点数化による「一方的な区分認定」の違い

次に評価結果の違いである。図表3-8にあるようにニーズ評価／サービス調整は、把握した支援の必要度をもとに「アセスメント報告書」を本人もしくは代理人に同意を求め、相談開始から一〇日以内に作成しなければならない。そのうえで、サービス調整に入り、資源の配分とオプションの選択を行ない、サービスプロバイダーを紹介し、支援計画が作成される。

一方、日本の障害程度区分認定調査は、機能・能力障害の程度を点数化し、コンピュータ判定と認定審査会によって一～六段階の障害程度区分が決められ、本人の意向よりも、障害程度を客観的に判断した区分認定となっている。認定結果に対する不服審査も一定期間内に手続きを行なうことで可能となっているものの、本人ならびに家族の同意もなく、一方的に、決定された障害程度区分と支援の支給量が記載された「受給者証」が自宅に郵送され、ニュージーランドのように、結果に対する同意を事前に求めるしくみにはなっていない。

図表3-8　障害程度区分認定調査とニーズ評価／サービス調整（Na/sc）の比較

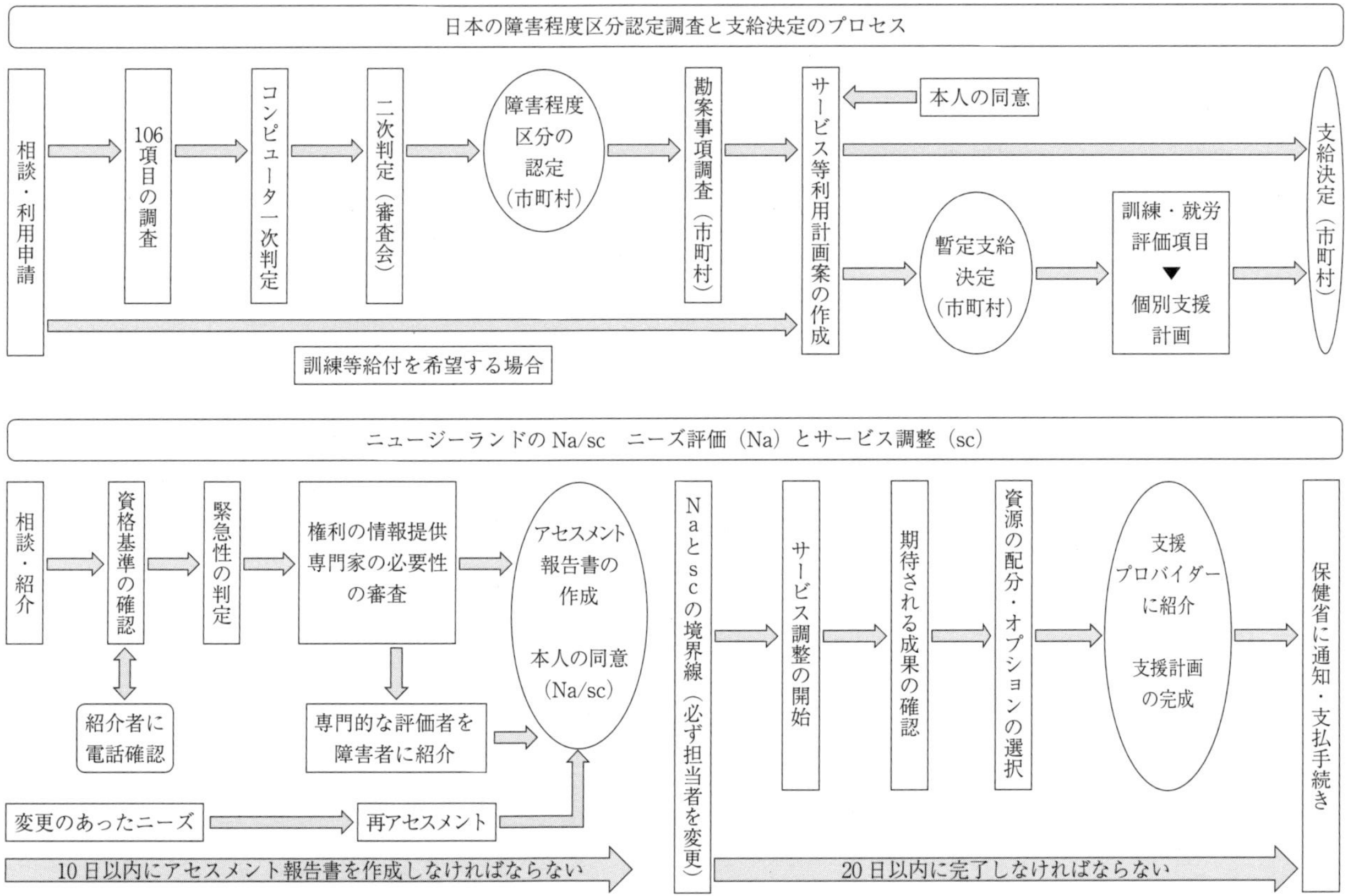
日本の障害程度区分認定調査と支給決定のプロセス
相談・利用申請
106項目の調査
コンピュータ一次判定
二次判定（審査会）
障害程度区分の認定（市町村）
勘案事項調査（市町村）
サービス等利用計画案の作成
本人の同意
支給決定（市町村）
暫定支給決定（市町村）
訓練・就労評価項目
▼
個別支援計画
訓練等給付を希望する場合
ニュージーランドのNa/sc　ニーズ評価（Na）とサービス調整（sc）
相談・紹介
資格基準の確認
紹介者に電話確認
緊急性の判定
権利の情報提供
専門家の必要性の審査
専門的な評価者を障害者に紹介
アセスメント報告書の作成
本人の同意（Na/sc）
変更のあったニーズ
再アセスメント
10日以内にアセスメント報告書を作成しなければならない
Naとscの境界線（必ず担当者を変更）
サービス調整の開始
期待される成果の確認
資源の配分・オプションの選択
支援プロバイダーに紹介
支援計画の完成
保健省に通知・支払手続き
20日以内に完了しなければならない

（出所）図表3-7と同じ。

●本人主体の「人生設計」の観点

ニーズ評価／サービス調整には、日本の障害程度区分認定調査や認定審査会では、まったく問わない「本人の目標、夢、将来計画」の評価項目があり、前で述べたように徹底した社会モデルならではの評価項目といえる。

日本の障害程度区分認定調査の原型である要介護認定は、加齢によって生じる機能や能力の低下度を判定することを目的とする医学モデルの領域にとどまるため、「人生設計」という視点は評価項目になっていない。

3 ニーズ評価／サービス調整のガイドラインの特徴

●コンピュータ判定とは異なる全国共通評価基準

ニーズ評価／サービス調整は、面接による全国共通の評価基準をガイドラインとして設けている。そのガイドラインをもとにニュージーランド政府と委託・契約したプロバイダーが、評価を行なっている。

評価の基本的な考え方は、本人と家族のニーズは信頼できるという信念にもとづいている。そして評価を、「本人のニーズ・能力・目標・活用する資源を決定するためのプロセス」と規定し、本人のもつ能力を最大限に生かし、本人の希望・目標を達成するためにどのような支援が必要かを明らかにし、あわせて日常的な支援を担っている家族のニーズも把握するプロセスとしている。そのうえで、原則として、本人の優先的なニーズの正確な記録、本人中心の手続き、不必要に繰り返し情報提供を求めないなど基本的な姿勢が示されている。また留意事項として、場所・実施者・同席者・時間帯・民族性・文化・特別な要件などに配慮しなければならないこととされている。また評価の客観性は、評価者の専門性によって確保される。なお評価は、紹介または問い合わせから、二日以内に実施しなければならないこともあわせて規定されている。

一方、日本の障害程度区分認定調査は、「コンピュータの判定だから、全国共通の客観的な認定ができる」という主張があるが、障害程度区分認定調査も調査票の聞き取りはケースワーカー等が行なっていることから、その聞き取り評価の共通性をどのように確保するかが問題であり、その結果をコンピュータ判定するということのみでは、評価や認定結果の客観性が担保されているとは言い難い。

●支援の「必要度の把握」を評価する三段階の基準

ADL（日常生活動作）やIADL（手段的な日常生活動作）等の評価基準も大きく異なる。ニーズ評価／サービス調整の評価基準は、①自立（Ind.）、②見守り（Sup.）、③要支援（Ass.）の三段階であり、①自立は、他の人の援助を受けることなく、安全に活動を開始し終了できることであり、②見守りは、安全に活動を開始し終了するために、他の人の見守りを必要とすることであり、③要支援は、安全に活動を開始し終了するために他の人（達）による支援を必要とすると定義され、「ガイドライン」の基本的な考え方にもとづいて能力面だけでなく、環境や生活を踏まえて評価が行なわれる。

それに対して日本の障害程度区分認定調査では、「できる、見守り、一部介助、全介助」の四段階評価が多い。ところが、車いす利用者であっても、手すりにつかまって五メートル歩ければ、「移動できる」と判定するよう「障害程度区分認定調査マニュアル」で指示されており、「できる・できない」の評価を重視し、

「している・していない」といった本人や家族の環境や生活を踏まえた評価は行なわれていない。

●サービス調整基準の特徴

① ニーズ評価とサービス調整の分離原則としての「境界線の維持」

ニーズ評価／サービス調整のガイドラインでは、「資源の利用可能性（制限）の考慮とは切り離して評価しなければならない」と規定されている。

つまり、ニーズ評価とサービス調整の「境界線の維持」を強調し、サービス調整をニーズの抑制の理由にしてはならないことを警告しているのである。またサービス調整は、障害のある人との共同作業であることを原則としている。

それに対して日本の障害程度区分認定調査では、区分ごとに支給量の上限が決められ、それは自治体の財政状況に大きく左右される。

② 「アセスメント報告書」にもとづくサービス調整

ニーズ評価／サービス調整では、本人もしくは代理人の同意にもとづいた「アセスメント報告書」が作成されてから、二〇日以内に、必要な支援やサービスの調整を行なわなくてはならないこととなっており、ニーズ評価／サービス調整を行なうNGOは、報告書作成後速やかにサービスプロバイダーと調整を行なう。

一方、日本の障害程度区分認定調査では、調査・サービス提供機関につなぐまでの期限はとくに設けられていない。二〇一三年四月から、「サービス等利用計画書」の作成が本格的に開始されたが、障害程度区分が決定した段階で、利用できる支援の種類や量が確定してしまうため、それをもってアセスメント結果・評価とはとても言い難く、本人に「必要」と判断されたサービスの種類や量が、本人の「希望する」サービスと一致しないことが起こり、ニーズの抑制を行なってしまう可能性が大いにある。

たとえば、重度訪問介護は、障害程度区分四以上で、二肢以上にマヒがあり、障害程度区分認定調査の「歩行、移乗、排尿、排便」が「できる」以外の人に限られているなど、区分認定が必然的にニーズの抑制となっている。

③　サービス調整（コーディネーション）における配分とそのガイドライン

ニュージーランドにおいても、サービスの調整と配分においては、予算や資源の制約は地域によって免れない。ただしニーズ評価／サービス調整のガイドラインでは、以下のように、サービス調整の基本姿勢について記載している。

乏しい資源のやりくりと、障害のある人に対するサービスの現実との間での緊張関係は、避けることはできない。障害のある人の人間性を尊重する態度で、障害に対する本当の意味での理解を反映した態度で臨むからこそ、この緊張関係がもたらされる。

日本の「障害程度区分認定調査マニュアル」には、こうした基本姿勢を喚起するような文書はなく、障害の状況や機能低下の程度の評価基準が多くを占めている。

また、ニーズ評価／サービス調整のガイドラインには、支援パッケージ配分（支援支給量）と評価基準が、就学前、就学期、卒業後から六五歳未満、六五歳以上の四つの年齢階層別に分けられて示されている（図表3-9、3-10）。

支援パッケージは、「アセスメント報告書」をもとに、図表3-10の評価基準に基づいた支援の必要度と年齢階層に応じて図表3-9のとおり適用されるが、必要度が「とても高い」場合は、サービス調整者の自由裁量とされている。

図表3－9　在宅サポートの支給上限額（1週間単位，2011年実績）

	6歳未満	6歳～就学期	卒業後～65歳未満
必要度がとても低い	$15（1,050円）		
必要度が低い	$21　（1,470円）	$31　（2,170円）	$55　（3,850円）
必要度が中程度	$52　（3,640円）	$101　（7,070円）	$225　（15,750円）
必要度が高い	$165（11,550円）	$288（20,160円）	$900　（63,000円）
必要度がとても高い	$375　（2,250円）	$900（63,000円）	$1,500（105,000円）

図表3－10　サービス調整における「支援の必要度」の評価基準（卒業後～65歳未満の場合）

必要度	説明
とても低い	障害のある人が，彼らのコミュニティで暮らし，現在の支援で日常生活の活動に参加できる。
低　い	・対処できてはいるが，生活のスキルを発展させる機会に参加する障害のある人の能力が脅かされている。 ・支援を提供する支援者の能力が変化，または障害のある人のニーズを十分に満たしていない。
中程度	・障害のある人の健康と機能の状態が低下し，ニーズが増えている。 ・支援者が重大なプレッシャ―にさらされ，障害のある人を支援する能力が脅かされている。 ・障害のある人が重大に脅かされ，安全性の課題が明らかになってきている。 ・障害のある人が年齢にふさわしい活動に参加する機会が限られている。
高　い	・重大な安全性の課題と複雑な支援ニーズのために，彼らの環境を維持する障害のある人の能力が脅かされている。
とても高い	・障害のある人が障害に対する重大な変化を経験する。彼らの現在の環境を維持する能力が脅かされている。 ・安全性が何よりも重要

（出所）*Support Needs Assessment and Service Co-ordination Policy, Procedure and Information Reportin Guidelines.*

なお、本章では「卒業後から六五歳未満」の場合のみ図表3-10として掲載しているが、支援の必要度はそれぞれ年齢階層別に定められており、その尺度は、障害のある人の支援ニーズの度合い、安全性の確保と生活・活動参加という社会モデルに徹している。

まとめ

本章では、障害戦略によって、障害施策を実施する体制・制度ならびに支援やサービスの利用の入口となるニーズ評価のシステムを紹介した。

障害施策の実施体制では、雇用と所得保障・福祉を一体化させ、社会開発省による実施体制への転換が大きな特徴であった。とくに所得保障制度については、一九三八年社会保障法を起点に、その時々の社会経済動向の影響を受け変遷をとげてきたが、障害給付は大きな変更なく、今日に至り、障害のある人たちの最低生活を保障するための所得保障制度の根幹となっている。

またニーズ評価／サービス調整は、本人主体であり、日常・社会生活上の必要な支援ニーズを抽出する明確な社会モデルであった。それに対して、疾病や疾患、機能・能力障害の程度を測定し、得点化することによって障害程度区分を決定し、支援の種別と量を確定する日本の障害程度区分認定調査は徹底した医学モデルであることが改めて浮き彫りになった。

現在、日本政府は、二〇一四年実施にむけて、障害程度区分認定調査の改定をすすめているが、医学モデルの要介護認定から脱却しなければ、とうてい社会モデルへの転換は困難であるといえる。

（阿部友輝・小野　浩）

参考文献

武田真理子（二〇一二）「ニュージーランドにおける生活保障の到達点と課題」障害福祉青年フォーラム2012講演資料

ニュージーランド大使館サイト（http://www.nzembassy.com/）

第4章
障害戦略によって改革された就労・活動支援

ニュージーランドにおける障害のある人の雇用・就労支援は、二〇〇一年のニュージーランド障害戦略（以下、障害戦略）の策定および障害者権利条約（以下、権利条約）の批准を契機に大きく方針転換した。その代表といえるのが、批准する前年の二〇〇七年に、権利条約の原則に適さないという理由から障害者雇用促進法（The Disabled Persons Employment Promotion Act, 1960）を廃止したことであった。

そもそもニュージーランドには、日本でいうところの旧授産施設や障害者総合支援法（旧障害者自立支援法）の就労継続支援B型などのような、福祉法制度のもとでの就労支援施設は存在してこなかった。そのため最低賃金制度と休日給与法を除外できると規定した障害者雇用促進法を根拠に、民間企業やNGOが最低賃金を下回る賃金で障害のある人を雇用することのできる事業所、いわゆるワークショップを設立し、そこが障害者雇用の中心的な場となってきた。二〇〇七年の障害者雇用促進法の廃止によって、これらワークショップは法的な根拠を失い、その数は減少していくことになった。

世界で初めて最低賃金制度をつくったニュージーランドが、一方で障害者雇用促進法にもとづき障害のある人たちを最低賃金から除外してきたことになるが、「障害は社会が生み出すものである」という認識が広まったことによって、大きく方針が転換された。またそれだけでなく、障害のある人も、障害のない人と同様に、同じ「人」として働く権利と機会を保障することが重視され、結果として障害のある人の雇用の機会と経済的発展の保障が障害戦略で謳われるようになった。

本章では、障害戦略でもっとも大きな変革を伴った雇用・就労支援ならびに活動支援について解説する。

1　障害戦略にもとづく雇用・就労支援

社会開発省の行なう雇用・就労支援は多岐に及ぶ。ここでは、そのうち雇用者への働きかけ、地域コミュニティへの働きかけを中心に紹介していきたい。

●雇用者への働きかけ

障害戦略の行動計画にも盛り込まれているように、障害のある人の雇用を促進する上で、「雇用者に対する障害の理解及び障害のある人への理解の教育を行う」ことは重要な位置づけにある。

社会開発省では、事業者・雇用主同士の非営利ネットワークである雇用者のもつ障害を考えるネットワーク（The Employers' Disability Network Trust）や、障害当事者、障害者団体および雇用者の連合体である職場における障害を考えるフォーラム（The Employment Disability Forum）と協力して雇用主側の理解を深めるとりくみを行なっている。そのため、その中心的な役割は、雇用者のもつ障害を考えるネットワークが担うことが約束されている。そこで重点的にとりくまれているのは、次の点である。一つ目が、障害の理解及び障害のある人への理解も含めた雇用に関する意識啓発、二つ目が、実用的な解決方法を開発する機会の提供、三つ目が採用基準の開発である。

一つ目の意識啓発に関しては、雇用者のもつ障害を考えるネットワークを中心に、他国のとりくみ、とくにイギリスの権利擁護団体である平等と人権委員会（Equality and Human Rights Commission）のガイドライン『国連障害者権利条約：あなたにとってどんな意味がありますか？』（*The United Nations Convention on the Rights of People with Disabilities : What does it mean for you ?*）を紹介し、事業者・雇用主側の権利条約及び障害のある人の権利理解を促進するとりくみを行なう。

二つ目と三つ目は、ニュージーランド国内の他の非営利団体であるａｓｅｎｚ（The Association for Supported Employment in New Zealand）と協力し、ａｓｅｎｚが作成した障害者雇用に関するチェックリストをもとに、国内すべての雇用・就労支援を行なうプロバイダー（事業者）と企業が、同じ意識のもとで障害のある人の雇用にとりくむことができるよう情報提供を行なっている。

●地域コミュニティへの働きかけ

地域コミュニティへの働きかけも雇用・就労支援をすすめる上で重要な役割があると考えられている。社会開発省では、人権委員会などの非営利団体と協力し、障害の理解及び障害のある人への理解の意識啓発にとりくんでいる。障害のある人を雇用することは単に雇用者と障害のある人の間で完結する話ではなく、そこで得た賃金をもとに地域で生活をするための支援、同僚の理解を得るための啓発も含めて、包括的に展開していく必要があると考えられている。

実際に、社会開発省では障害のある人の雇用をテーマに掲げた「雇用サミット」の実施やＴＶ番組の制作や、雇用者のもつ障害を考えるネットワークとの協働を通じた国民の意識改革（Social Change）をとりくみとして展開してきている。

2　就労相談支援センターのとりくみ

●エマージの成り立ちと特徴

雇用・就労支援を行なうサービス・プロバイダーは、日本の障害者雇用の枠組みとは異なり、政府主導のもと、社会開発省の雇用・所得保障局と直接契約を結んだサービス・プロバイダーに業務が委託される。委託されたサービス・プロバイダーは、雇用・所得保障局との契約内容にもとづき、その契約の範囲の中で雇用・就労支援を実施する。すでに本書でも述べられているように、その委託範囲も雇用から日常生活の支援に至るまで内容が多岐に及ぶが、総じて、ニュージーランド国内ではインテークから支援の実施にいたるすべての福祉サービス利用のプロセスのほとんどは、委託されたサービス・プロバイダーが介在している。

さて、ここでとりあげるEmerge Supported Employment Trust（以下、エマージ）は、障害のある子どもを持つ保護者が「クラスメイトと同じ機会を得ること、未来を選ぶことや地域コミュニティのなかで自立した生活を送ること」をめざして二〇〇〇年に首都ウェリントン市内に設立したＮＧＯである。

障害のある人に対する雇用の機会と進路選択の可能性を求めるための啓発活動および就労支援を中心とした活動を同年から開始し、二〇〇一年に雇用・所得保障局と契約を結び、それ以降ウェリントン市内における就労支援サービスの中核を担ってきている。

二〇一〇年現在のエマージは六人のスタッフがサービスを提供しており、その主な内容は後述のトランジ

▶エマージの入り口

ッション・プログラム（Transition Programme）と援助付き雇用（Supported Employment）となっている。運営費は、年額三〇〜三六万ドル（約二一〇〇〜二五二〇万円）かかっており、その内訳は後に述べる社会開発省との契約にもとづく補助金が二三〜三一万ドル（約一六一〇〜二一七〇万円）と、市民からの寄付金五〜七万ドル（約三五〇万〜四九〇万円）により賄われている。

サービスの利用は、個人での申し込みによる開始もあるが、多くの利用者が、第3章で紹介したニーズ評価／サービス調整を実施しているプロバイダーや、障害のある人の日中活動を支援するデイセンター、生活支援や権利擁護を実施しているCCSなどを通じて紹介される（図表4-1）。

●トランジション・プログラムと援助付き雇用

エマージでは登録制を採用しており、申し込み経路を問わず、登録リストの上位から順に支援が実施される。また教育機関においても卒業の一年前から学校との協力体制のもとで、就労も含めた卒業後の生活準備に入る。

ただし、この点に関して若干の補足を加えるなら、障害のある人に対して就労することのみを支援する訳ではない。就労を希望するか、後述するデイセンターのような日中活動を選択するかなどの選択権はすべての人にあり、本人の希望によりその権利を行使することができる。もしデイセンターを利用した場合は、基本的に就労所得が見込めなくなるものの、家賃や食費等の生活にかかる費用負担は、同じ雇用・所得保障局から支給される障害給付によって賄われることになっている(1)。

図表4－1　エマージを中心とした就労支援ネットワーク

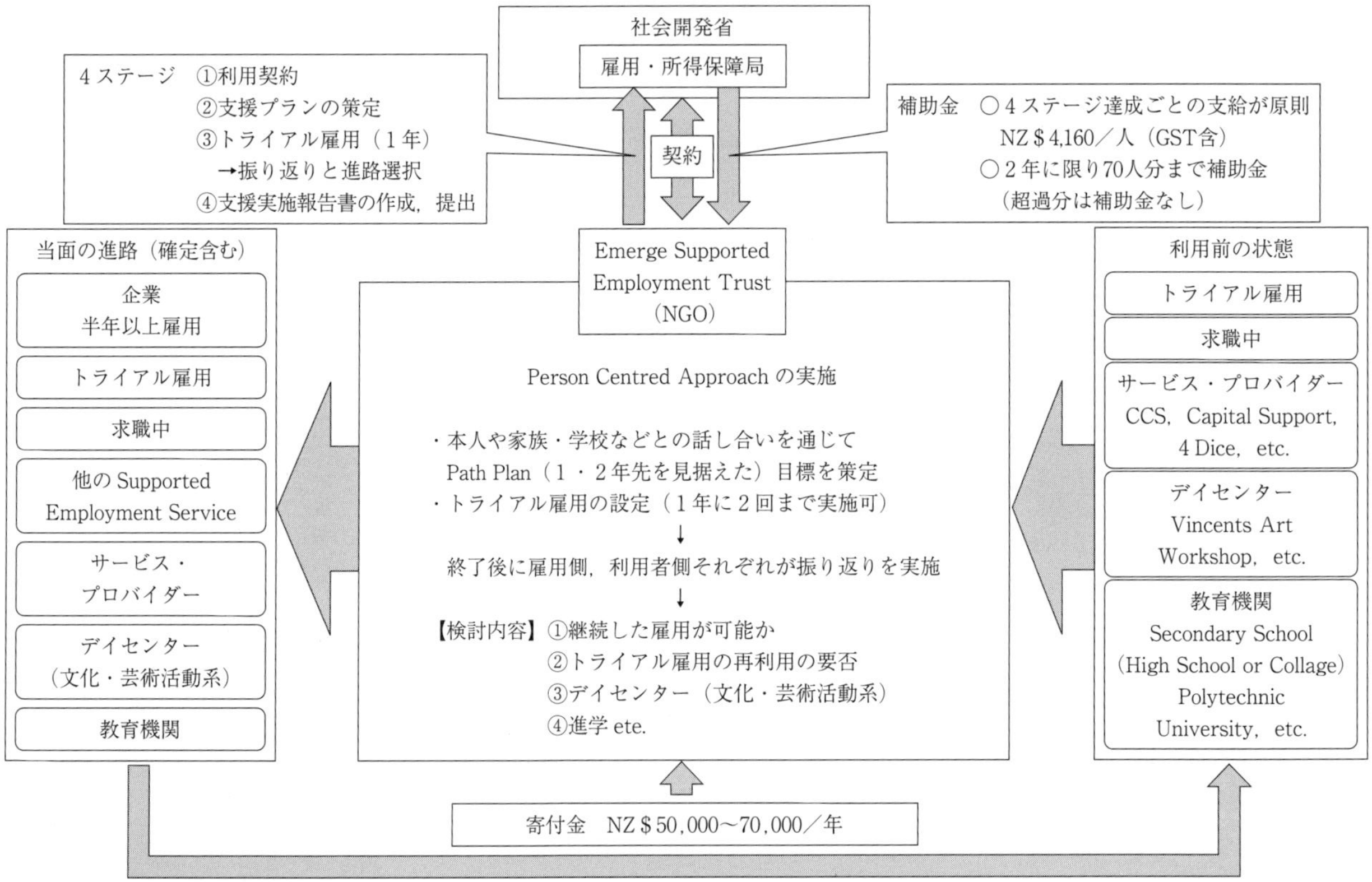
社会開発省
雇用・所得保障局
4ステージ　①利用契約
②支援プランの策定
③トライアル雇用（1年）
→振り返りと進路選択
④支援実施報告書の作成，提出
契約
補助金　○4ステージ達成ごとの支給が原則
NZ＄4,160／人（GST含）
○2年に限り70人分まで補助金
（超過分は補助金なし）
当面の進路（確定含む）
企業
半年以上雇用
トライアル雇用
求職中
他のSupported Employment Service
サービス・プロバイダー
デイセンター
（文化・芸術活動系）
教育機関
Emerge Supported Employment Trust
（NGO）
Person Centred Approachの実施
・本人や家族・学校などとの話し合いを通じて
Path Plan（1・2年先を見据えた）目標を策定
・トライアル雇用の設定（1年に2回まで実施可）
↓
終了後に雇用側，利用者側それぞれが振り返りを実施
↓
【検討内容】①継続した雇用が可能か
②トライアル雇用の再利用の要否
③デイセンター（文化・芸術活動系）
④進学ete.
利用前の状態
トライアル雇用
求職中
サービス・プロバイダー
CCS，Capital Support，
4Dice，etc.
デイセンター
Vincents Art
Workshop，etc.
教育機関
Secondary School
（High School or Collage）
Polytechnic
University，etc.
寄付金　NZ＄50,000～70,000／年

（出所）　京俊輔作成。

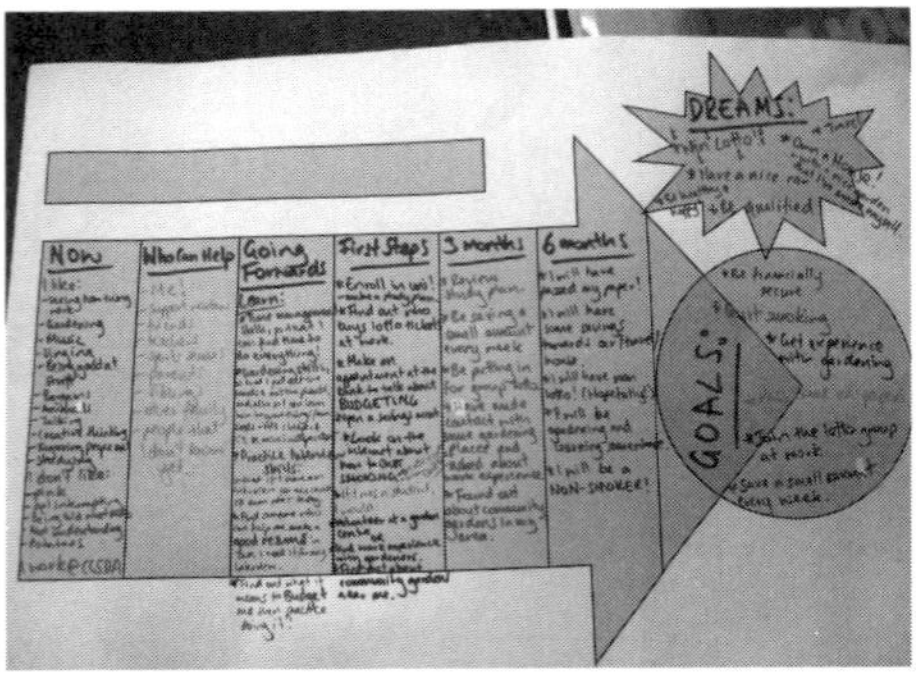

▶パス・プランの例（CCS）

さて、就労を希望する障害のある人に対する支援として、エマージは、雇用・所得保障局との契約にもとづき、トランジッション・プログラムと援助付き雇用の二種類を実施している。

サービスの利用は、利用者本人と家族、学校などの利用前もしくは現在所属している機関や施設などとの話し合いを通じるところから始まる。Person Centered Approach（本人主体）が根底にあるニュージーランド社会では、利用者本人の希望を障害の程度に関係なく最大限くみとる努力がなされている。その話し合いの結果をもとに、障害のある人の希望を最大限反映し、一、二年先の生活を見据えた就労にむけたパス・プラン（Path Plan）を作成し、そのプランにもとづき就労支援が実施される。

とくに各教育機関の最終学年の支援には力を入れており、学校の協力も得ながら学校で活用されているＩＥＰ（Individualized Education Programme、個別教育計画）とパス・プランを併用するかたちで移行プログラムが実施される。

このパス・プランにもとづく実際の就労支援を援助付き雇用といい、利用者と雇用主の間にサービス・プロバイダー（Service Provider）が入り、職場開拓やトライアル雇用を通じて、職場定着をめざすための支援が実施される。利用者の多くが一般企業での就職を希望しており、その多くが一年間に二回（最長一年間）まで試みることが可能なトライアル雇用を利用している。トライアル雇用終了後は、企業側と利用者がそれぞれ振り返りを行い、企業側はトライアル雇用後も継続して雇用することが可能かを検討し、利用者はトライアル雇用後の進路選択を検討する。とくに、その際には利用者個人の機能障害（Impairment）や能力障害

（Disability）を見るのではなく、職務遂行の能力（Ability）を意識するように働きかけている。

ただし、トライアル雇用後の進路選択も進路は必ずしも就労に限定されず、高等教育や文化・芸術活動に力を入れるデイセンターなどを選択肢に用意している。今回の視察では、エマージの紹介元であったサービス・プロバイダーなどが受け入れ先としても機能しているだけではなく、大学やポリテクニックなどの教育機関との連携も密に取りながら、利用者の自己選択の権利が最大限保証されるべくネットワークが構築されている。また必要に応じ、他の就労支援を実施するサービス・プロバイダーを紹介し、引き継ぐ形で就労支援が実施されるケースもある。

▶デイセンターの活動の様子（Vincents Art Workshop）

●エマージに対する公的支援

エマージのこれまでの利用者の内訳（二〇一一年一〇月現在）は、一一人が社会開発省からの補助金[2]、八人が有志による寄付金（Donation）[3]による補助を受けながらの就労支援を継続中である。また、五二人が半年以上の継続雇用を実現し、五〇人がトライアル雇用後も引き続き求職活動を継続する一方で、二五人が登録リストによる支援実施待ちの状態にあるという。

エマージでは、政府との契約にもとづき前記サービスを提供している一方で、政府に対しては支援実施に関する報告義務が生じる。支援実施および報告までにかかる過程を「四ステージ」といい、このステージをふまえることが、国からの補助金を得るための最低条件となる。この「四ステージ」は、①利用者との契約、②パス・プランの作成、③トライアル雇用を含めた援助付き雇用の実施、④支援実施報告書の作成および社会開発省への提出という段階がある。

利用者一人ひとりの支援はすべてこの「四ステージ」をふまえることが、政府との契約の上でエマージ側に課された義務になっており、この「四ステージ」をふまえるごとに、補助金として一件につき税込四一六〇ドル（約二九万円、GST含む）[4]がエマージに支給される。政府との契約上、二年間で七〇人までの補助金が支給されることになっており、超過した人数分の補助金は支給されていない。この超過分を充当する部分でも、市民からの寄付金は重要な位置づけにおかれている。

3　賃金と障害給付による最低賃金の保障

●ワークショップから新事業に転換したAPET

人口一三〇万人を超えるニュージーランド最大の都市オークランドで、一九七七年に創立したAPET（Auckland Protected Employment Trust）は、当初、典型的なシェルタード・ワークショップだったが、現在では障害のある人の就労・活動の場として、新たな試みに挑戦している[5]。

創立当初APETは、障害者雇用促進法の適用を受け、SEIL（Sheltered Employment Industries Limited）という名称の有限会社で、障害のある従業員六人でスタートした。カリントン病院（Carrington Hospital）とキングシート病院（Kingseat Hospital）からの紹介で働き始めた彼らは、当時「クライアント」と呼ばれ、支払われていた賃金はわずか週二ドルだった。
それでも、地域で働く場を得たクライアントは表情や健康状態に変化がみられるようになった。病院はこれらの点を高く評価し、その後クライアントを送り出すことに力を注ぐようになった。それに伴いＳＥＩＬの障害のある従業員数は増大していった。一九八〇年には、障害のある従業員は一二〇人を超え、オークランド市内三か所に拠点を設けるまでの規模になっていた。その後それらを統合し、現在のパパトエトエのローレストン・アベニューにＮＧＯとしてＡＰＥＴを開設した。九〇年代初期には、大手印刷会社ジョン・サンズから大量の仕上げ・包装の仕事を受注するほどになっていたが、支給できる賃金はいまだ最低賃金を下回っていた。

ＡＰＥＴのチーフ・エグゼクティブであるゲーリー・オルニー（Gary Olney）は「かつてのワークショップは、障害のある人が社会から取り残され、価値のない仕事を与えられ、発展の機会のないところと思われていた。障害のある人が毎日通う場所という程度だった。企業からの下請けの仕事も、多くは賃金が非常に低かった」と、当時のワークショップを振り返っている。

ＡＰＥＴにとっても大きな転機となったのは、二〇〇一年の障害戦略の策定と二〇〇七年の障害者雇用促進法の廃止であった。ニュージーランド国内で次々とワークショップが閉鎖し、デイセンターに転換していく中で、ＡＰＥＴは独自の方向性を摸索した。それは働くことへのこだわりだった。

「障害があっても、障害のない人と同じように、地域社会で働き、他の人とつながる権利がある」ことを謳った障害戦略にもとづいて、ＡＰＥＴでは二〇〇二年から障害のある人の雇用・就労支援の事業所として事業を展開する検討をはじめた。その手始めに、就労支援事業者の全国組織であるＶＡＳＳ（New Zealand Federation of Vocational and Support Services, Inc.）と障害のある人たちの労働を適正に評価するツールを共同開発し、それをもとに賃金と障害給付をあわせて最低賃金を保障するシステムを政府に提案した。それは、本人の希望する労働時間や仕事量、また作業能力等をアセスメント機関が評価し、APETはその評価にもとづいて労働を保障し、それに見合った賃金を支給する。その支払われた賃金が最低賃金を下回ってしまった場合は、その不足分が障害給付から継続的に支給され、それによって生計維持のための所得を保障するしくみであった。また障害給付は週八〇ドルの就労収入がある場合、減額されてしまう規定になっていたが、それを適用しないという考えも盛り込まれた。

●選べる「自分らしい働き方」と支え合う仲間

APETとVASSが共同開発した「労働評価ツール」は、社会開発省の雇用・所得保障局及び労働庁の承認を得ることができた。その結果、APETでは、障害のある人の障害に配慮し、本人の希望する労働を保障する事業を発展させた。さらにAPETは障害者雇用だけでなく、職業体験の学習とトレーニングやデイプログラム「地域社会への参画支援」などの事業も併設し、選択できるしくみを提供している。二〇一一年現在、同様の「労働評価ツール」を活用している事業所はニュージーランドに二五か所あるが、それらの事業所は、社会開発省と労働庁に届け出て「認可証」を得ているようだ。

APETの業務は、部品の組み立て及び包装、収縮包装、ブリスターパック、販売用品のパッケージングなど企業商品の最終工程の包装部門と出荷などにひろがり、質の高い業務水準が評価され、今日一二〇を超える企業等を顧客としている。またAPETは、品質管理の国際認定基準であるISO9001の認証を受けているが、これはオーストラリアやニュージーランドのオセアニア地域にある障害のある人が働く事業所では、はじめてのことだった。

またデイプログラムの「地域社会への参画支援」（Community Participation）を二〇〇四年から開設した。買い物やレクリエーションをはじめ、地域社会での移動や人・資源へのアクセスを提供している。本人の生活の幅や手段をひろげることを中心に、「その日を楽しくすごす」だけではなく、地域社会の活動に積極的に参加し、障害のある人が地域社会や市民の生活につながることを大切にしている。この点について、とくにAPETは、「障害のある人が地域社会から孤立して一日を過ごすという従来のデイセンターとは異なる。労働とは異なる社会活動を通じて、地域社会へ積極的に貢献する活動を支援すること」を強調している。

実際に仕事に従事し、活動に参加している障害のある人たちは、APETについて次のように語っている。

知的障害のあるマークは二〇〇四年からAPETで働いているが、当初は他者とのコミュニケーションが上手ではなく、まわりのメンバーが話しかけても返答できない状態が続いていた。しかし、ブリスターパック機（厚紙と型取りしたプラスチックで商品を包装する機械）のブリスターのセットを担当してから変化が生じた。機械操作のメンバーとの連携がうまくいきはじめたことで仕事に自信をもつようになり、それと同時に人とのコミュニケーションもひろがるようになった。「ブリスターの場所を知っているのは僕だけ。数を数えるのは手伝ってもらうけど、僕がいないと機械がまわらないんだ」と自らの役割を、自信をもって担っている。

アスペルガー症候群であるため、まわりの人の理解を得ることが難しかったブライヤーは、APETで働くまで三年間無職だった。「人と一緒に仕事をしたり、話をすることが難しかったため、年に何度も面接に行ったが、断られたり無反応だったことが多く落ち込み、家にこもってパソコンに向かっている毎日だった。APETを紹介されて就職が決まったとき驚きだった。最初は苦しくて途中で帰宅したこともあったが、仕事に慣れ週五日働けるようになるまで二、三か月かかった。今では作業台の仕事のリーダーになり、友だちもたくさんできた。もう一つ大きい変化は、失業給付から疾病給付に変わり、今では障害給付が支給されるようになった。私の障害を理解してくれる医師を探してくれたことと、私を信じてくれる職場があっからだと思う」と語っている。

二〇〇〇年からAPETで働いているが週三〇時間以上働けない健康状態にあるディアナは「一日仕事は週二日、半日仕事は週三日にしている。健康状態がよくないときは、一日四時間だけにしているが、APETはそんな私の働き方を受け入れてくれている。働き始めて一一年になるが、こんなに長く続いた仕事は今までなかった。一般企業では、こんな働き方は認められなかった」といっている。

「仕事を選ぶ上で大切にしていることは、障害のある人の能力に適した仕事を確保すること」と、チーフ・エグゼクティブのゲーリーは語った。その理由として彼は、仕事を提供してくれる顧客の満足度を高めることも大切だが、一方で障害のある人の得意とする力を無視して仕事を選定することは、彼らの自尊心を傷つけ、APETで培った「できる仕事や力」さえも発揮することができなくなってしまう危険性があると説明した。

●新たな試みの具体的なしくみ

二〇一二年二月現在、APETで働いたり、活動に参加したりしている障害のある人は計一四五人である（**図表4-2**）。そのうち保護的な雇用で働いている人は五〇人であり、職業体験の学習とトレーニング利用が二〇人、デイプログラム「地域への参画支援」利用が七五人である。職業体験やデイプログラム利用者も仕事に従事する時間はあるが、一人ひとり時間数は異なり、従事した仕事に対する工賃が支払われている。

図表4-3にあるように、雇用されている五〇人中、最低賃金の時給一三ドル（九一〇円）を上回る賃金

図表4－2　APET の就労・活動支援と賃金・給付

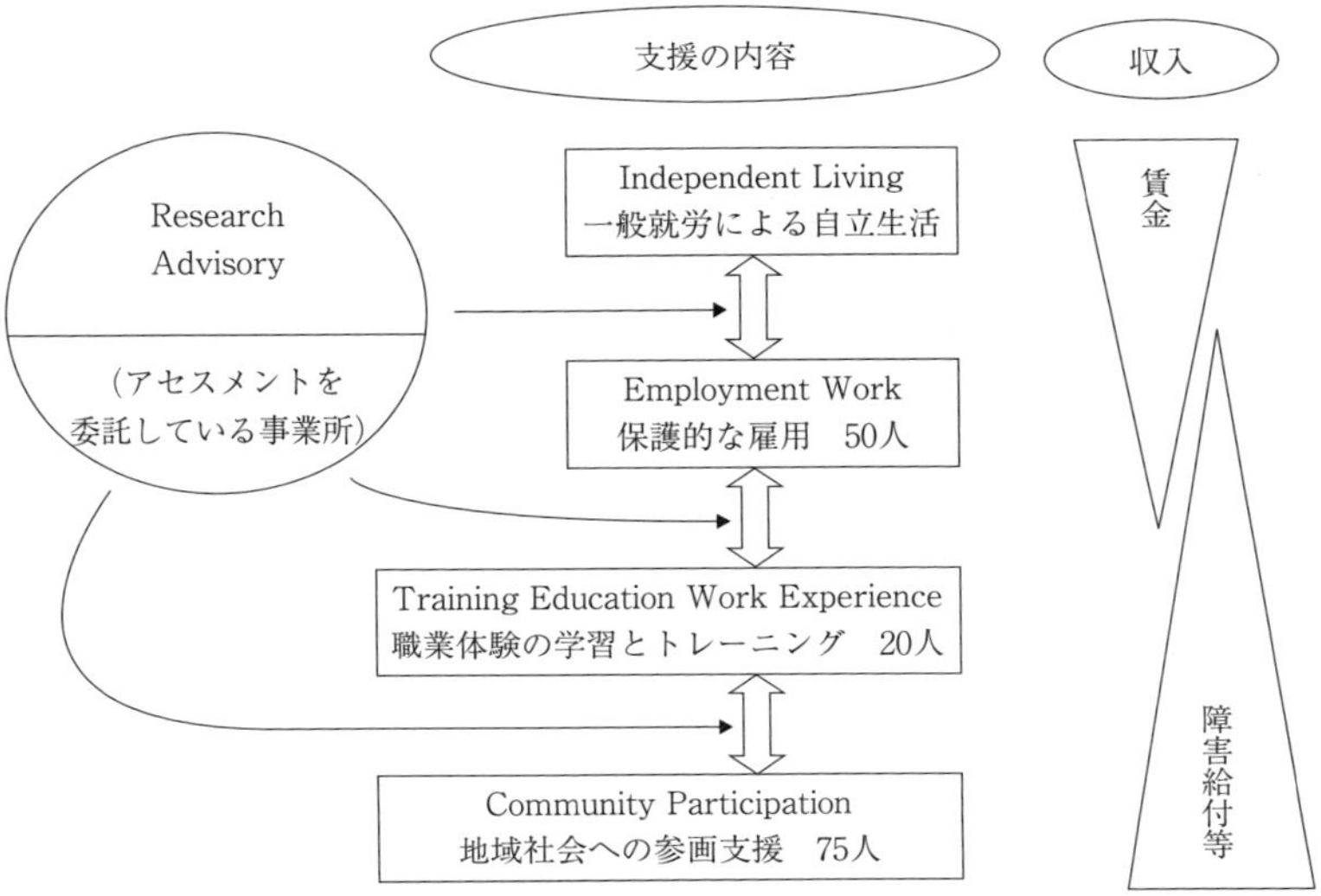

（出所）APET のヒアリングをもとに小野が作成。

図表4－3　APET の賃金と障害給付の内訳

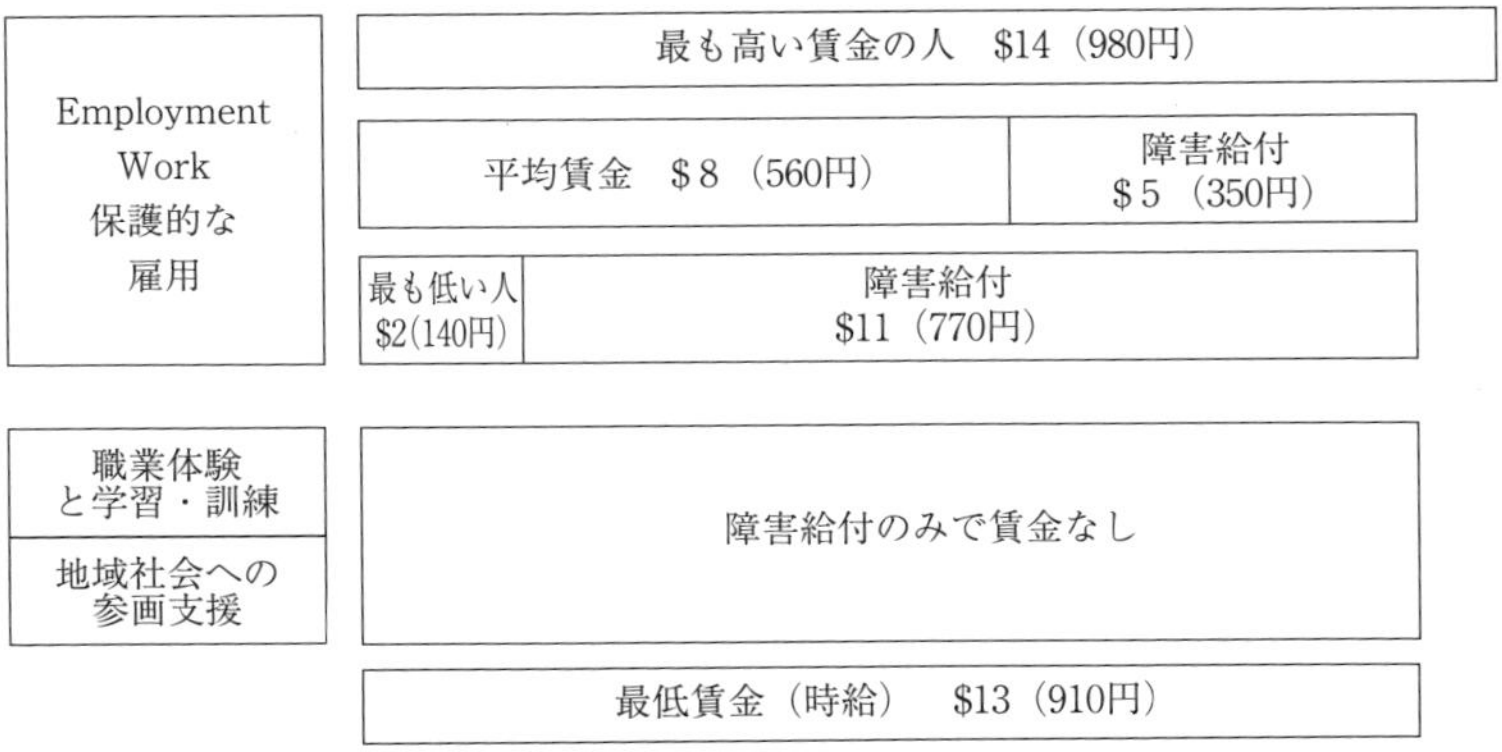

（出所）図表4－2と同じ。

▶ APETの正面と作業場面

が支払われている人は三人であり、最高額の人は時給一四ドル（九八〇円）で、もっとも低い人は時給二ドル（一四〇円）となっている。最低賃金に届かない四七人は、障害給付の支給が継続され、最低賃金水準の所得を確保している。

一方、職業体験やデイプログラムを利用している人たちは、障害給付や住宅手当・障害手当が支給され、それが生計を維持するための所得になっている（ただし、何人かは失業給付の受給者）。

賃金を決める方法は、前述したように、独自に開発した「労働評価ツール」によって支給額を決定しているが、最低賃金に満たない場合は労働庁に申請し、社会開発省雇用・所得保障局が支給する障害給付の継続申請をおこなっている。

ＡＰＥＴでは、この「労働評価ツール」にある作業能力に関する二〇種類の項目にもとづいてその能力を評価する。「労働評価ツール」は、あくまでも一人ひとりの「できること」を見出し、評価することを重視している。もちろん、その評価のみですべて帰結するのではなく、作業能力を開発・向上するための教育プログラムを用意し、それを必ず実施するようにしている。

ＡＰＥＴへの就職や利用の際にあたっては、本人の要望をもとに相談・評価をおこなって雇用か利用が決められるとともに、ＡＰＥＴでの職業体験をもとに、一般企業等への就職も支援している。二〇一一年の実績では二〇人が一般企業等に就職し、そのうち五人がＡＰＥＴでの再雇用となっている。

なおＡＰＥＴの財源は、社会開発省や事故補償制度（ＡＣＣ）からの公費が年間約六〇万ドル（約四二〇〇万円）、事業収益（売上）が年間約一〇〇万ドル（約七〇〇〇万円）である。それら収入が、スタッフ六人の人件費や障害のある人の賃金・工賃を含むＡＰＥＴの運営財源となっている。

4　多様なプログラムを提供するデイセンター

●千人の大規模施設の閉鎖をきっかけに新たな挑戦

北島の内陸にある人口一九万人の中規模都市ハミルトンで、約三八〇人の障害のある人の就労や地域生活を支援しているグレースランド（Gracelands）は、一九九〇年に設立された[6]。開設のきっかけは、ハミルトンのあるワイカト地域にあった大規模入所施設トクヌイからの地域生活への移行にあった。一九八一年から約千人の地域生活への移行がトクヌイで始まっていたが、最終的に残ったワイカト地域の人たちの移行をすすめるために、閉鎖を目前に控えた一九九九年に、トクヌイの作業療法士だったロビン・クロス（Robyn Klos）が中心になってグレースランドを立ち上げた。

グレースランド開設のきっかけはトクヌイの閉鎖だったが、単なる地域移行の受け皿として設立した訳ではなかった。「障害のある人たちの働く権利と、地域社会の一員として暮らす権利を保障すること」をグレースランドの基本理念としている。それは、障害のある人たちが「地域の人たちに貢献できたとき、本人の成長や、人間としての尊厳が尊重される」という設立者ロビン・クロスの考え方から導き出された理念だった。

図表4-4　グレースランドの事業内容と利用の流れ

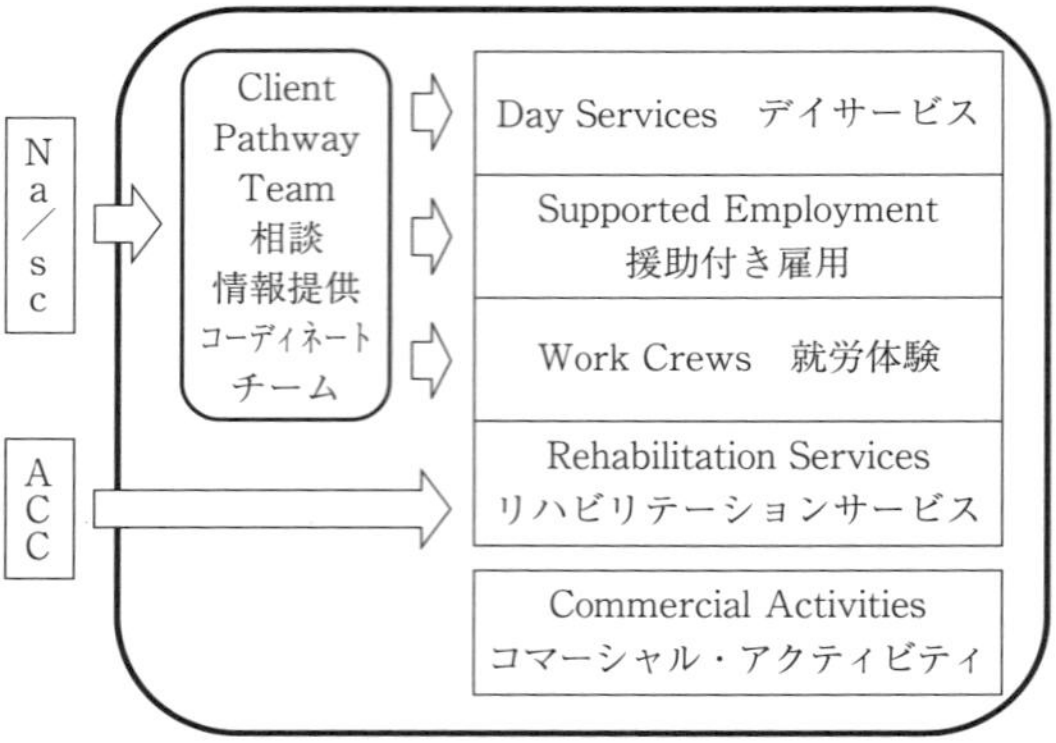

（出所）　グレースランドのヒアリングをもとに小野が作成。

グレースランドの主な事業は図表4-4のとおりであるが、その具体的な内容は以下の六つである。

①　デイサービスプログラム

制度的にはデイセンターだが、グレースランドでは、事業名としてデイサービスと呼称としている。詳細は後述するが、約二〇〇人の障害のある人たちが、デイサービスのさまざまな活動を通して地域の人たちとの交流をひろげることを目的に利用している。グレースランドのデイサービスでは、活動の際に、地域のあらゆる資源にアクセスし、活用できるようにすることを重視している。

②　援助付き雇用

援助付き雇用は、社会開発省からの補助金をもとに一六〇人の障害のある人たちが支援を受けている。そのうち二五人はデイサービスを利用しながら就労支援を受けている。グレースランドでは、この援助付き雇用を、以下の手順ですすめている。

第一に、障害のある本人の希望や特技を見出し、適切な仕事を探し出す。第二に、求職への申込手続きや就職面接などの準備・練習を支援する。第三に、会社に同行するスタッフは、雇用主のニーズや関心と、障害のある人の個性や特技・セールスポイントなどが合致するように支援する。第四に、職場の上司や他の社員とのコミュニケーションがとれるようになった段階から、職場に定着できるように、訪問支援などの継続的な支援を行なう。

③　就労体験事業

就労体験事業であるワーク・クルーズは、社会開発省からの補助金をもとに、主に精神障害のある人を対象に、以下の三つのプログラムを実施している。またこのプログラムを修了した人は、援助付き雇用につなげられる。

・継続的な雇用に就くための自信をつけるために、就労体験を積むプログラム
・スーパーバイザーの支援のもとで、労働者を派遣する労働者集団での就労経験
・新しい技術や技能を習得するための学習やトレーニングを実施する

④　リハビリテーションサービス

リハビリテーションサービスは、事故や災害によってケガや損傷を負った人が主な対象で、制度的には事故補償制度（ACC）を利用して、毎月約四〇人の障害のある人が紹介され、以下のサービス提供を行なっている。

・本人の希望する仕事に就くための準備と支援をする
・仕事、職場の状況が障害のある人に配慮されているかのアセスメントを行なう
・職場の評価結果にもとづいて、段階的な復職プログラムを実施する
・外部からの派遣による理学療法士や作業療法士と連携して、リハビリプログラムを作成する

⑤　コマーシャル・アクティビティ

グレースランドが所有するクリーニング店で、グレースランドで使用したユニフォームやタオルなどの洗濯を主に担当する一方で、市民の衣類等の洗濯も受注している。ここでは、障害のある人を雇用し、最低賃

金を保障している。ただし現状では、雇用者は一人で、一日二〜三時間程度の仕事にとどまっている。

⑥　パスウェイ・チーム

パスウェイ・チームは、障害のある人が最初にコンタクトするグレースランドの入口である。ACCからリハビリテーションサービスの紹介があった場合はパスウェイを利用しないが、デイサービス、援助付き雇用、ワーク・クルーズの利用の際は、パスウェイ・チームが最初の相談を受け付け、本人の希望にもとづいて必要な支援にコーディネートする。

パスウェイ・チームでコーディネートする際には、第3章で紹介したニーズ評価／サービス調整（Na/sc）が作成した「アセスメント報告書」をもとに支援内容の交渉が行なわれ、本人に対する支援プログラムの作成とともに、必要な給付・手当の申請手続きが行なわれる。

●インクルージョンをめざすデイセンター

グレースランドのデイサービスは、多種多様な活動内容をプログラムに組み込んでいる。その目的は、①地域社会の中で互いに交流できる機会をつくること、②生活と経験の質を高めること、③参加者のスキルと自立を拡大すること、④楽しみながら友情を育むことである。そのキーワードとなっているものは、「社会参加」、「交流」、「スキルアップ」、「連帯」である。これらの目的とそのキーワードから読み取れるように、グレースランドのデイサービスは、単に日中の時間を過ごす場や、楽しみや体験を共有する機会を提供するだけではなく、地域社会にインクルージョンすることを主たる目的としているといえる。

具体的な活動は、**図表4-5**の通りである。他のデイセンターも同様にスイミングやジム、音楽活動、アート、ダンス、コミュニティ活動への参加などのような楽しみやレクリエーションというような活動も含ま

図表4－5　ハミルトン・グレースランドのデイセンタープログラム（要約版）

	月曜日	火曜日	水曜日	木曜日	金曜日
午前	Gardening 苗や野菜の栽培，園芸などの活動	Art（All day） アート・セラピストによる芸術活動	Waiata （Hamilton）	Art Gardeners コミュニティのアート・ガーデニング	Out and About 散歩など
	Work Group Development（All Day） 雇用に向けた職業トレーニング	Gardening 苗や野菜の栽培，園芸などの活動	Creative Space トーテムポール，ステンドグラス等のレプリカの創作活動	Work Group Development（All Day） 雇用に向けた職業トレーニング	Sign Language NZ 手話によるコミュニケーションの学習
	Sensory Community Visits ボランティアを通したコミュニティ活動	Pre-Job Group Development 職業準備のための基礎的な学習	Baking 4Business 商品管理，チーム作業，会計，接客などのトレーニング	Current News ニュース等題材にしたディスカッショントレーニング	Bead it ジュエリー作成を通した巧緻性のトレーニング
	Food Technology 食材の理解，買い物，食事作り，テーブルセッティング	Literacy 読み書きや計算や会話等の基礎的な学習	Computers PC の NZQA 資格取得をめざしたトレーニング	Coffee Gang	Blokes Group
午後	Gym フィットネスによる体力づくりやエクササイズを学ぶ。	Art（All day） アート・セラピストによる芸術活動	Swimming 水泳，アクア・エクササイズ，リラクゼーション	Dance グループによるリズミカルなダンス	Housie
	Crafty Things クラフト製作のスキルや運動機能等のトレーニング	Tennis テニスによるスポーツとレクリエーション	Choir グレースランド聖歌隊への参加 Dance Jam/Relaxation グループによるリズミカルなダンス	Swimming 水泳，アクア・エクササイズ，リラクゼーション	Building Blokes 建築作業等のチームワーク学習 Coffee Club 交流やレク活動によるインクルージョン学習
	Swimming 水泳テクニック，アクア・エクササイズ，リラクゼーション	Glamour Glitz 女性のフェイシャル，ヘアー＆メイクアップなどの整容	Creative Space Art Garden Construction 鳥箱，椅子，棚などを作製する活動	Workingman's Club コミュニティでの社交スキルのトレーニング	Music 音楽鑑賞，楽器の演奏，カラオケなど

（出所）　グレースランド・デイサービスプログラムより小野が作成。

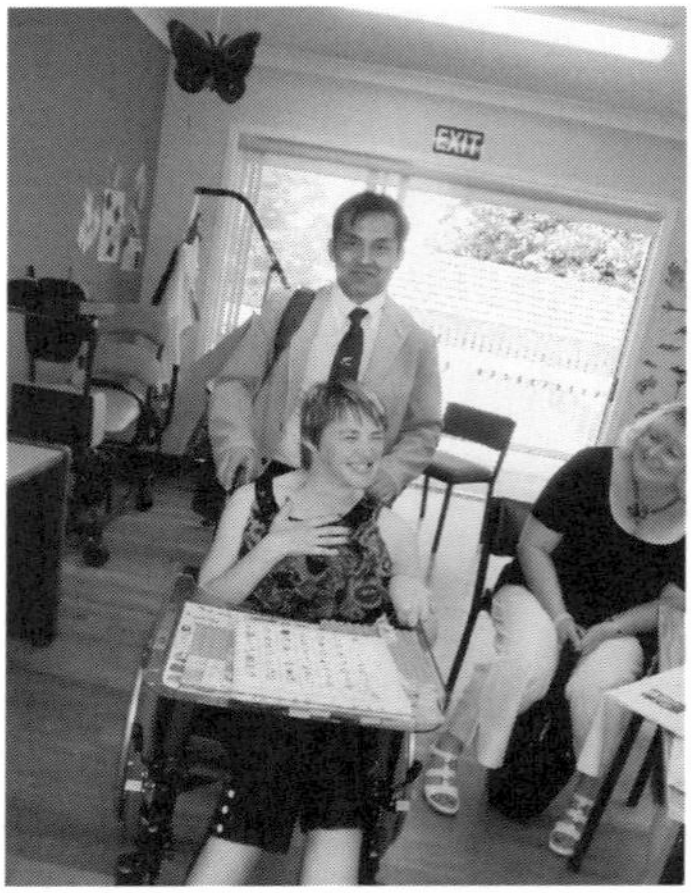

▶レジデンシャルハウスからデイセンターに通っている利用者

れているが、グレースランドと他のデイセンターのプログラムとの違いは、その目的にあるといえる。グレースランドでは、これらの活動を通じて、障害のある人の能力や特技を見出すとともに、本人の活動・生活の幅をひろげることによって、他者との交流・コミュニケーションの機会をひろげるだけでなく、前述の「地域社会にインクルージョンする」という目的達成を位置付けているところに特徴がある。

またもう一つの特徴として、ビジネス学習、ＰＣトレーニング、雇用にむけた職業トレーニングなどの就職準備と職業能力を開発・獲得するためのトレーニングプログラムが組み込まれていることも挙げられる。

これらのプログラムは、毎週月曜日から金曜日まで、九～一五時を活動時間としているが、デイサービス利用者の全員が、すべてのプログラムに参加しているのではなく、本人の希望とパスウェイ・チームとの相談にもとづいて支援プログラムが作成されて、個々人で活動を選択し、参加している。

●グレースランドの活動を支える政府の支援

グレースランドの紹介パンフレットでは、障害のある人たちに対して次のように呼びかけている。

「あなたが私たちのプログラムにアクセスする場合、あなたや家族に直接のコストはかかりません！もし詳しい内容を知りたければ、遠慮なくグレースランドにお電話ください」

また次のようにも呼びかけている。

図表4-6　グレースランドの事業に対する公費の内訳（一人当たり月額）

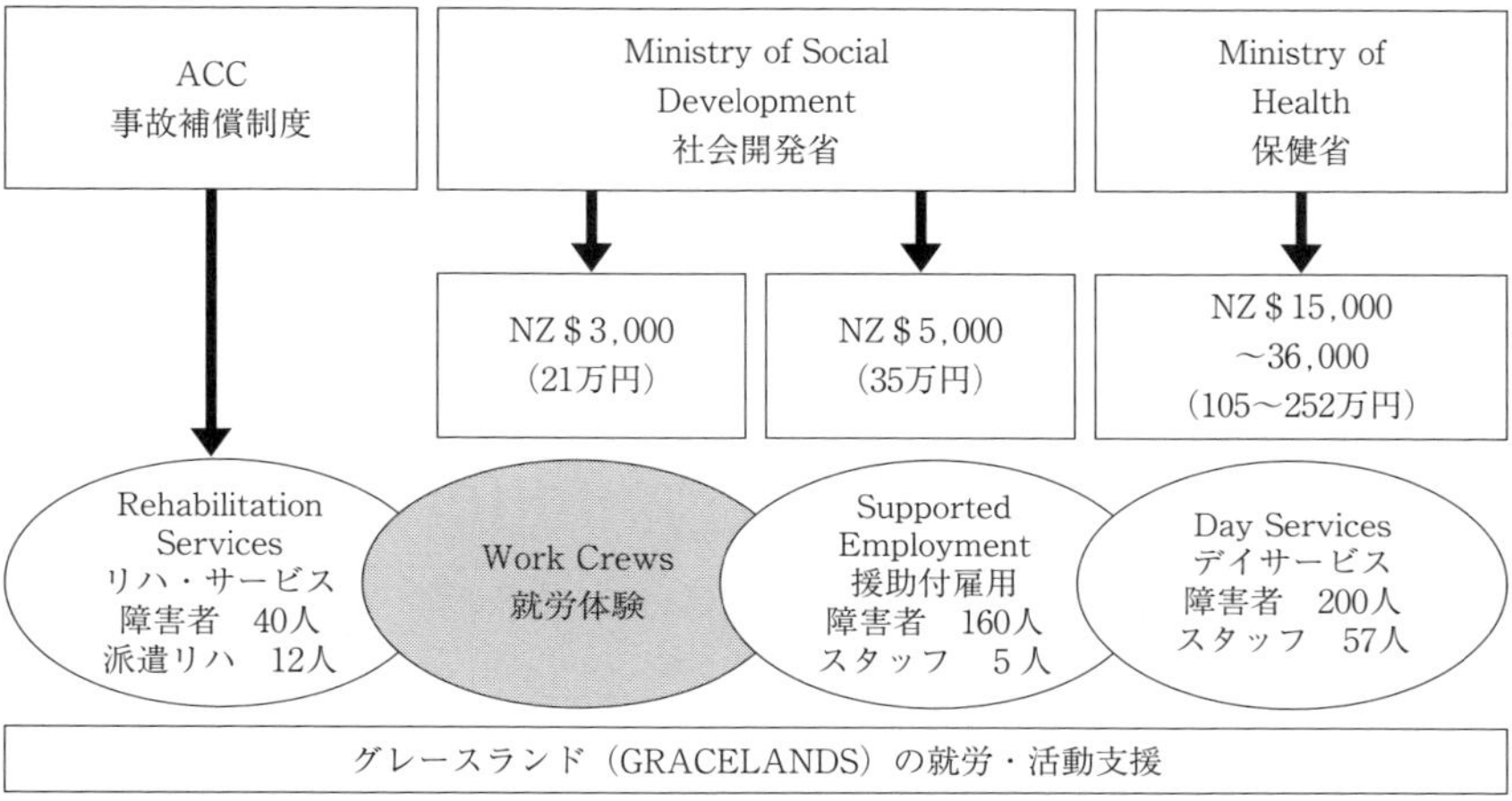

（出所）　グレースランドのヒアリングをもとに小野が作成。

「私たちのサービスを利用することは簡単です。私たちは社会開発省と契約しているので、サービスを利用する障害のある人とその家族には直接の費用はかかりません！」

それではグレースランドは、どのような資金を財源に運営しているのか。

まず、援助付き雇用は、社会開発省から障害のある人に対して、一人当たり年額五千ドル（約三五万円）が支給され、ワーク・クルーズには、同じく社会開発省から一人当たり年額三千ドル（約二一万円）が支給されている。それに対してデイサービスには、保健省から障害のある人に対して、一人当たり年額一万五千〜三万六千ドル（約一〇五万〜二五二万円）が支給されている（**図表4-6**、コマーシャル・アクティビティに対する公費支給はなく、またパスウェイ・チームへの公費は確認できなかった）。

援助付き雇用に対する社会開発省と、デイサービスに対する保健省の公費に大きな格差があるが、その点については終章で解説する。

リハビリテーションサービスは、事故補償制度（ACC）から支給されるが、一人ひとり金額が異なり、また利用も月ごと

図表4－7　グレースランド・グループの2010-2011年決算（2011年6月末）

費目		NZ＄（NZ＄=70円）	%
収入	事業収入	1,245,525（87,187千円）	19.0
	寄付金	54,178（3,792千円）	0.8
	公費収入	5,270,686（368,948千円）	80.2
収入合計		6,570,389（459,927千円）	100.0
支出	利用者支援	1,477,778（103,444千円）	22.9
	事業経費	301,279（21,089千円）	4.7
	借入返済費	9,820（687千円）	0.2
	人件費	4,577,300（320,411千円）	71.0
	諸経費	79,536（5,568千円）	1.2
支出合計		6,445,713（451,199千円）	100.0
流動剰余金		124,676（8,728千円）	

（出所）GRACELANDS GROUP "Notes to the Statements 2011" より作成。

に異なるため、金額を特定できない。

なお、グレースランドの収入の八〇％は、政府や事故補償制度などの公費収入が占めている。また支出では、七一％が人件費で、利用者支援にかかる支出は二二・九％となっていた。援助付き雇用で働く障害のある人たちは、雇用先の事業所からの賃金と、政府からの障害給付等が主な収入源となるため、グレースランドからの賃金等の支払いはない（図表4－7）。

まとめ

本章では、障害戦略にもとづくニュージーランド国内の就労・活動支援を概観してきた。ニュージーランドでは、政府が中心となって進めている社会全体の障害理解に対するとりくみと、NGOが中心となっている障害当事者に対する支援とが補完しあう形で国全体としての就労・活動支援が形作られている、ということを確認することができた。その中で意識されているのが、「人」という視点と、「機会の平等」という視点である。社会が作り出している障害という考えがひろく浸透しているニュージーランドでは、サービス利用料を利用者個人に転嫁するよりも社会に転嫁するしくみを導入している。

翻って日本の障害者福祉制度に目を向けると、依然として障害者雇用は厳しい状況が続き、福祉的な就労が今日もなお障害のある人たちの中心的な働く場になっており、そこでの賃金は最低賃金を大幅に下回る低い工賃支給にとどまっている。就労継続支援A型という雇用タイプの事業所もあるが、少なくない事業所が最低賃金除外を適用している現状にある。サービス利用料も利用者側に負担を求めており、「社会がつくり出している」という認識からはほど遠い状態が続く。サービス内容を当事者中心に据えるのか、利用料負担を当事者の生活に照らし合わせて改善するのか、社会全体の障害理解を優先すべきかニュージーランドのとりくみを参考にしながら検討する必要があろう。いずれにしても前記三点はいずれも今後の障害者福祉を考える上で喫緊の課題となっており、そこから目をそらすことはしてはならない。

（京　俊輔・小野　浩）

注

（1）たとえばサービス・プロバイダーの一つである4Dice Partnershipでは、エマージとの連携のもとで就労訓練を実施し、全国から集められたスーパーなどで使用される自動支払い端末のＥＦＴＰＯＳの修理や調整を行っていた。4Diceの場合、その後の生活も意識した賃金形態を取っており、最初の三か月は障害給付一四二ドル／週（九九四〇円）を上回る最低賃金一三ドル／時（九一〇円）を保障した試用期間を設定し、その後は出来高制による賃金を支給（最高で時給二〇ドル＝一四〇〇円）するとのことだった。通過施設の位置づけになっており、短期間から二～三年の利用を経た後、エマージなどの就労支援サービスにつなげている。

（2）社会開発省の補助金（Ongoing and Renewable Resourcing Scheme. 以下、ＯＲＲｓ）で、二一歳までの学生を対象に、学校を卒業する時点または進路を決定し学校を離れるまでの期間、利用する社会サービスに対して支給される。学生がエマージのようなトランジッション・サービスの利用する場合は、原則としてそれぞれの所属する学校における最終学年に限定されている。

（3）エマージでは、ORRsの利用資格のない若者に対して、“Non-ORRs funded”という寄付金（Donation）を財源とした補助金を用意している。

（4）Goods and Services Tax（消費税）の略。二〇一一年一一月現在一五％の税率が設定されている。詳細は、NZ入国歳入庁のURL（http://www.ird.govt.nz/gst/）を参照のこと。

（5）ここでは、APETでのインタビューと、パンフレット“APET—making a difference”を翻訳したものを記載した。

（6）ここでは、グレースランドでのインタビューと、パンフレット“GRACELANDS Group of Services”を翻訳したものを記載した。

第5章

地域生活支援，
医療・リハビリテーション，教育

ニュージーランドでは、二〇〇七年にすべての大規模入所施設や精神科病院の閉鎖を完了した。閉鎖と入所・入院患者の地域生活への移行は、一九九〇年代に開始され、二〇〇一年のニュージーランド障害戦略（以下、障害戦略）策定時点では、一か所を除いて地域生活への移行を完了していた。そのため、障害戦略には地域生活への移行計画がなく、地域における生活支援が盛り込まれていた。

また、医療・リハビリテーションも障害戦略によって大規模な改革が施されたというよりも、それ以前からの改革を経て、現在の医療・リハビリテーションのシステムやその利用者負担のしくみに至ったといえる。それに対して教育分野は、障害戦略による改革の足跡が多くみられる。とくに、障害児の特別な教育ニーズに対する教育のあり方を、インクルーシブ教育の観点から大きな改革がとりくまれている。

本章では、障害分野における地域生活支援、医療・リハビリテーション施策の現状と課題、そして教育分野における障害戦略前後の改革の進展について解説する。

1 障害のある人の地域生活支援

●大規模入所施設閉鎖から地域での生活へ

一九三〇〜一九四〇年代、ニュージーランドでは、地域で生活するための利用可能な支援サービスが整っていないことなどから、大規模入所施設（精神病院を含む）が増加し、多くの障害のある人たちはこうした施設への入所を余儀なくされていた。

その中の一つでクライストチャーチにあるテンプルトンセンターでは、四五〇人を超える知的障害のある人たちが入所していた。しかしその後、一九九〇年代から、権利擁護団体であるＩＨＣのサポートによって地域生活に移行し、施設は二〇〇〇年に閉鎖に至った。

大規模入所施設の閉鎖が本格化した一九九五年のＩＨＣの機関誌 Community Moves 第33号では、「ＩＨＣは、すべての人が地域で生活すべきである」と宣言し、障害のある人たちの地域での暮らしは、「施設入所か、地域生活かの選択ではなく、すべての人は地域で暮らす権利をもっている」ことを強調している。また、「地域で生活することになった人たちは、非常に優れた質の高い支援を二四時間受けながら生活しており、家族との関わりも増え、自由な暮らしを楽しんでいる」とレポートされていた。

最後まで残った大規模入所施設は、レビンにあったキンバリーセンターであったが、これも一九九〇年代から徐々に地域生活に移行し、二〇〇七年に完全閉鎖した。障害戦略が策定された二〇〇一年から六年後の二〇〇七年をもってニュージーランドは、大規模な入所施設や精神科病院はゼロになった（図表5-1）。

大規模入所施設の閉鎖は、保健省やその地方機関である地区保健委員会によって計画され、実行されてきた。計画は長い期間を経て実行されてきた。また施設閉鎖は、地域生活への移行後の生活の基盤整備も同時にもとりくまれてきた。

キンバリーセンターの入所者の地域生活への移行を当時担当したアニータ・ベリー（Anita Verry）は、地域生活への移行の際にもっとも説得が困難だったのは入所者家族だったと話していた。「とくに高齢の家族ほど不安を訴えていた。キンバリーセンター入所者の家族会として『地域移行に反対』という声もあがってしまったが、ていねいな説明と説得を通じて納得してもらった」と当時を振り返っていた。

図表5－1　大規模入所施設及び精神科病院の閉鎖の経緯

施設名	地　域	障害種別	閉鎖した時期
キングシート（レーベンズロープを含む）（Kingseat ： includes Ravensthorpe）	南オークランド	知的・精神障害	1993～1994年
カリントン（Carrington）	オークランド	精神障害	1992～1993年
オークリー（Oakley）	オークランド	精神障害	1987年
マンゲア（Mangere）	オークランド	知的障害	1993～1994年
トクヌイ（Tokanui）	ワイカト	知的・精神障害	1998～1999年
キンバリー（Kinberley）	レビン	知的障害	2007年
レイク　アリス（Lake Alice）	マートン近郊	主に精神障害	開放病棟は1990年に，国営病棟は1999～2000年に閉鎖
ブリーマー（Braemar）	ネルソン	知的障害	2002年以降
ンガファトゥ（Ngawhatu）	ネルソン	知的・精神障害	1999～2000年
ポリルア（Porirua）	ウェリントン	知的・精神障害	1996年に閉鎖し，施設はABIカビット脳損傷リハビリテーションセンターとして使用
シービュー（Seaview）	ホキティカ	知的・精神障害	1999～2000年
テンプルトン（Templeton）	クライストチャーチ	多くは知的障害	2000年
サニーサイド（Sunnyside）	クライストチャーチ	多くは精神障害（1病棟は知的障害）	2001年に機能を変更した。現在は精神科救急医療・リハビリテーションを主とするヒルモートン病院として知られている。
チェリーファーム（Cherry Farm）	北ダニーデン	知的・精神障害	1991～1992年
シークリフ（Seacliff）	ダニーデン	知的・精神障害	火災によって焼失したため，1966年にチェリー・ファームに移設した。

（出所）*Confidential Forum for Former In-Patients of Psychiatric Hospitals in New Zealand*, 2007, pp.61-62.

●地域生活を支えるレジデンシャル・ハウス

レジデンシャル・ハウスとは、日本のグループホームに当たる居住支援サービスである（二〇〇六年四月から、日本の制度ではケアホームとグループホームに分けられているが、ここではグループホームと総称する）。ここでは二つのレジデンシャル・ハウスについて紹介したい。

一つ目は、ハンチントン病患者のためのレジデンシャル・ハウスで一六人の方が利用されていた。場所はどこにでもある住宅街にあり、建物も少し大きめの民家という感じで、外観はとなりに並ぶ住宅とほとんど変わらない様子であった。中に入ると、入って突き当りがリビングホールになっており、数名の入居者の方が自由にくつろいでいた。リビングから二つの廊下があり、その両側に四部屋ずつの居室が並んでいる。日本のグループホームよりは少し規模が大きい印象であった。

二つ目のレジデンシャル・ハウスは、知的障害のある人たちのためのレジデンシャル・ハウスで四人の方が利用されていた。リース物件の建物で、その家賃は、経営している法人が支払っている。イメージとしては、日本のグループホームと雰囲気はとても似ており、リビング兼食堂が一つあって、各居室が並んでいた。ニュージーランドには、日本の障害者手帳のようなしくみはないが、障害の特性への配慮や支援の専門性や必要性に応じたサービスを保障している。

入居者の日中の過ごし方も、それぞれ異なり、ハンチントン病の方のためのレジデンシャル・ハウスでは、高齢の方が多く、病気が進行し、障害が重いため、日中のほとんどをそこで過ごしていると説明があった。知的障害のある人のレジデンシャル・ハウスでは、日中は自分の所属している事業所やデイセン

図表5－2　レジデンシャル・ハウスに対する政府の公的支援

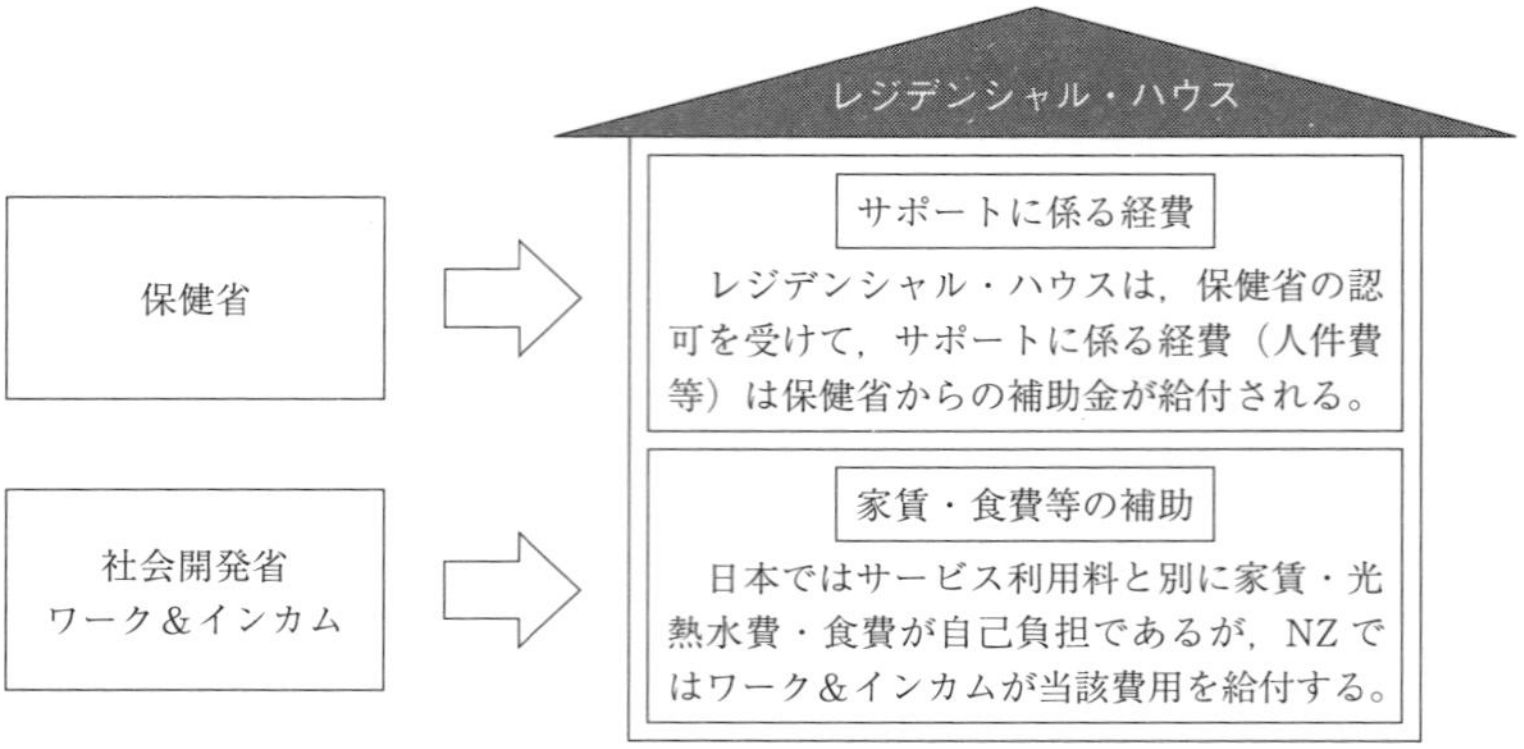
レジデンシャル・ハウス
保健省
社会開発省
ワーク＆インカム
サポートに係る経費
レジデンシャル・ハウスは，保健省の認可を受けて，サポートに係る経費（人件費等）は保健省からの補助金が給付される。
家賃・食費等の補助
日本ではサービス利用料と別に家賃・光熱水費・食費が自己負担であるが，NZではワーク＆インカムが当該費用を給付する。

ターに出かけている。

入居者支援にかかわる運営費については、保健省とレジデンシャル・ハウスを運営するNGOが契約し、支給されている（図表5-2）。また、レジデンシャル・ハウスを利用している入居者の家賃・食費・光熱水費は、社会開発省・雇用所得保障局から支払われる。そのため本人及び家族の費用負担は発生しない。

入居者が日常生活で個人的に必要とする衣類や身のまわりのものの購入、また趣味等に必要な費用は、社会開発省から障害のある人に支給される障害給付によって賄われている。

●住む場所の整備

統計的なデータを入手することはできなかったが、大規模入所施設や精神科病院の閉鎖に伴って、レジデンシャル・ハウスが増設されたことは事実で、最後の大規模施設だったキンバリーセンターが二〇〇七年に閉鎖された頃、レジデンシャル・ハウスはニュージーランド国内に一六六八ヵ所だったが、二〇一二年には一七一〇ヵ所まで増えている。

前述のアニータの話によると、「キンバリーセンターの地域生活移行では、二五％の入所者は、当時すでに設置されていたレジデンシャル・ハウスへ移行したが、残りの入所者のために、プロバイダーが新しいレ

ジデンシャル・ハウスを建てた」とのことだった。

新設のレジデンシャル・ハウスは、場所もさまざまで、キンバリーセンターの近くに建てたものもあれば、故郷から遠く離れた場所にも建てられたものもある。建物も新しく建てられたケースもあれば、既存の住居を改修し、障害に配慮した部屋を増築したケースもある。また高い医療的なケアを必要とする方のために、病院タイプのベッドが置けるように部屋を広くしたり、車いすの移動ができるように廊下を広くしたりと、さまざまなタイプのレジデンシャル・ハウスを整備している。

●レジデンシャル・ハウスの設置要件

ニュージーランドのレジデンシャル・ハウスの根拠となる法律は、二〇〇〇年に制定されたニュージーランド公的保健・障害法であるが、同法では、入居者定員数などの上限が定められていない。しかし同法や建築基準等を定めた法律によって、五人以上の障害のある人の居住者がいる家屋は、認定を受け安全性や建設基準に合致していなければならない。以下は、その設置要件について説明する。

ニュージーランド公的保健・障害法は、レジデンシャル・ハウスだけではなく、病院・介護施設・障害者住宅などの整備の根拠法にもなっており、同法で定められた質と安全性の基準を満たしたものでなければならない。

この法律でレジデンシャル・ハウスは、「レジデンシャル障害ケア（residential disability care）」と呼ばれ、「五人以上の知的・身体・精神・感覚（もしくは複合）障害のある人々が生活する住居において、自立して生活するために提供される生活支援サービス」と定義されている。この法律において、障害のある人の生活する建物に適用される基準は、「保健障害分野サービス基準（Health and Disability Sector Service Standards）」と呼ばれ、二〇〇一年の障害戦略を受けて二〇〇四年に改正された建築基準法にも定義されており、五人以上の障害のある人が生活する建物のアクセシビリティ基準が定められている。

ニュージーランドでは、多くの支援が法律にもとづく契約をベースとしており、提供されるサービスの詳細は、一般的に「仕様書・明細書（service specifications）」と呼ばれている。知的・身体・感覚障害のある人のための地域レジデンシャル・サービスの仕様書・明細書（主に保健省管轄）では、サービス提供場所は、小さな家・大きな家・小さな家の集合住宅・アパートなど、その住居形態は限定されていない。各住居では、一般的に四～六人が生活し、それよりも少ない入居者の場合もある。過去一〇年の傾向では、四人よりも少ない少人数の住居が多くなっている。さらにスタッフの数は、障害のある入居者が必要とする支援の査定（アセスメント）レベルにもとづき配置されている。五人以上の入居者がいる住居では、日中・夜間それぞれの必要とされる支援に合わせたスタッフがいる。

●CICLによる地域生活での選択

二〇〇八年に障害者権利条約（以下、権利条約）を批准したニュージーランドでは、さらにレジデンシャル・ハウスから地域での暮らしに移行するとりくみが始まった。それが、CICL（Choices in Community Living）である。

CICLの理念は、障害のある人およびその家族が、どこで誰と暮らすかを決定し、それを支えることである。またCICLによって、これまでの地域支援パッケージとサポーテッド・リビングを大幅に見直し、レジデンシャル・ハウスで相当に手厚い支援が必要な人であっても、レジデンシャル・ハウスを離れ、地域で暮らせるよう支援する新たな試みである。そのため、当初は一五〇人を対象とする比較的小規模なプロジェクトとして開始された。

2　障害のある人の医療・リハビリテーション

●健康保険のない医療制度

ニュージーランドには日本の健康保険制度のようなしくみは存在しない。基本的には、国民の税金を財源に国が医療費を負担しており、疾病・疾患に対する医療が保障されている。また、保健省が管轄する行政機関である地区保健委員会が、ニュージーランド国内に二〇か所設置され、各地域における障害児・者の支援計画の策定や日常生活支援、さらには医療サービスを提供している。

本章では、その中の医療とリハビリテーションについて焦点を当てる。

地区保健委員会が提供する医療サービスは、直営のものと民間に一部を委託したものとに大別される。市民権や永住権保持者であれば、直営である公立病院は、基本的に診察やリハビリテーション等のサービスが無料か、低額な費用負担で受けることが可能である。しかし、経済的な負担が少ないために利用者が多く、予約をしてからの順番待ちが長時間になってしまうことも稀ではない。

一方で、民間病院になると公立病院ほどの順番待ちはないものの、ニーズ評価で決定したサービス量を超えたサービスを利用する場合には、医療費を自己負担する必要があり、少なからず経済的な負担が発生する。そこで、ほとんどの国民は民間健康保険（Health Insurance）に加入し、自己負担費用を民間保険でカバーしている。また、いずれの病院を利用する場合も、ファミリードクターと呼ばれる、かかりつけの一般開業医（General Practitioner）からの紹介状が必要となる。

ファミリードクター以外にも、緊急を要する場合には時間外診察を施す医療施設であるアクシデント&エマージェンシー・クリニック（Accident & Emergency Medical Clinic）が最初の診断窓口となることもある。

●ニュージーランドにおける医療制度改革

ニュージーランドでは、現在までに一九九三年と二〇〇〇年の二回、大規模な医療制度改革が行なわれている。

一九九三年の医療改革は、ニュージーランドの行財政改革の流れの中で行なわれ、市場原理主義にもとづき医療費の削減を優先することに主眼が置かれた。その具体的な内容は、公的医療機関の民営化などを通して、既存の医療供給体制をより効率的かつアカウンタビリティの高いものにするというものであった。また公的医療サービスの購入側として地域保健局（Regional Health Authorities）を設置し、公的医療機関と民間医療機関ともに地区保健局との契約を義務付けた。しかし、小規模病院の閉鎖、ウェイティングリスク（待機負担）の増加、低所得者の一次医療の敬遠などの事態を招き、国民が負担を強いられる結果となった。

二〇〇〇年の医療改革では、ニーズ優先の考え方のもと、地域に根差した医療サービスを提供するために、保健医療全体が協同し政策を行なうこととした。なお、この改革の全体指針は、同年に策定されたニュージーランド健康戦略（The New Zealand Health Strategy）の中で示されている。また二〇〇〇年の改革後、地域社会のニーズに細やかに対応するため、全国二一か所（現在は二〇か所）に地区保健委員会が設置された。地区保健委員会にはそのとりくみの最優先事項として、都市部と農村部で地域格差のない良質な一次医療を提供することが求められている。さらに、地区保健委員会は一次医療サービスを提供・調整する非営利の地方組織（Primary Health Organisations：PHO）を通じてその機能を果たしている。なお、一次医療改革の指針として、二〇〇一年にプライマリ・ケア戦略（The Primary Care Strategy）が発表されている。

●障害のある人のリハビリテーション

地区保健委員会のリハビリテーションサービスは、心身に障害をもつ一六歳から六四歳までの入院患者および外来患者、さらには在宅サービスの一つとして提供されている。その主な目的は、サービス利用者の最大限の能力を引き出すために、有用な方法を選択したり、利用者自身の意欲を高めることである。また機能的な回復に留まらず、「生活の質」を向上させるための支援も行なっている。さらにその対象は、身体障害から脳機能障害まで広範囲にわたっている。

具体的なリハビリテーションサービスは、理学療法、作業療法、言語療法、心理療法などであり、日本における内容と大きな相違はない。またそれぞれの専門職種が病院だけでなく、診療所、コミュニティ・ハウス、保健センター等のさまざまなNGOでサービスを提供している。

ここでは、言語療法の専門家である言語療法士（Speech-Language-Therapist）の役割について焦点をあて紹介する。なお日本では、国家資格名称として「言語聴覚士」と称している。

言語療法士は、発声発語のような言語面での支援だけでなく、その名称から連想されるよりも実に幅広い活動や支援を行なっている。

ニュージーランドの地域医療・保健を担う行政機関である地区保健委員会において、言語療法士が提供する支援は主に二つの領域に分けられる。一つ目は、一六歳以上の言語機能や摂食嚥下に困難を抱える人々の支援である。そして二つ目は、出生時からの摂食嚥下に困難を抱える子どもの支援である。

まず前者であるが、地区保健委員会における言語療法士の大部分が、この領域に携わっているといえる。具体的な内容としては、嚥下障害を抱える人々が再び安全に食事ができるようになるために、リハビリテーション等の支援を行なっている。またこの領域で働く言語療法士は嚥下の他にも、さまざまな神経疾患や挫傷後の言語障害など広範囲にわたる訓練や支援も行なっている。

一方後者であるが、子どもが一六歳になるまでの間に各自治体における活動や自宅訪問の形で、乳幼児・児童の支援を行なっている。またそれと同様に、病院の中では新生児のユニットや小児病棟でも活躍している。この領域における主な焦点は、多様な症状を有する子どもの摂食や嚥下に関する問題への支援である。この時期の言語発達に関する問題については、教育省（Ministry of Education）の特別教育支援サービス（Group Special Education : GSE）[1]に委託している。

どちらの領域においても、言語療法士は言語能力や嚥下機能を最大限に回復させるために最も有用な方法を探り、必要な評価や治療を実践する。そして可能な限りサービス利用者の意向を尊重しながら、元来の活動や日常生活に戻るために支援を行なっている。

前述したように、民間のＮＧＯだけでなく、保健省の地区保健委員会や教育省の特別教育支援サービスなどの行政機関に、言語療法士をはじめとする専門スタッフが常時配置されていることは特筆すべきことである（**図表5-3**）。

図表5-3　ニュージーランドにおける言語療法士の活動領域

公的部門	民間部門
①教育省（Ministry of Education） ・早期介入(Early Intervention) ・特別支援サービス（GSE） ②保健省（Ministry of Health） ・地区保健委員会における活動 ・Hospitals & Specialists	①各地域で小児および成人を対象とする言語聴覚療法を実施している（Private Sector） ※NZSTAのホームページ上で，Private Sectorのリストを公表

（注） NZSTA = NewZealand Speech-Language Therapists' Association Inc.

しかし、各地区ともに予算の確保が難しく、マンパワーが不足している点は否めず、地域間格差も少なからず存在するのが実情である。実際に障害を抱える子どもを持つ母親の話では、「サービスを必要としていても十分な頻度で受けられる訳ではなく、また受けられても自宅から遠路を通わなくてはいけない」という切実な想いも聞かれた。これらの点に関しては、日本の療育支援が抱える課題と類似しているといえる。今後これらの課題をどの様に解決していくのか、そして日本はどの点について学び取り入れていくべきかを十分に検討すべきではないだろうか。

●脳損傷障害のある人へのリハビリテーション

最後に、ＡＢＩカビット脳損傷リハビリテーションセンターについて簡単に紹介する。

ＡＢＩカビット脳損傷リハビリテーションセンター（以下、ＡＢＩリハビリテーションセンター）は、脳損傷患者のケアを専門としているＮＧＯのリハビリテーションセンターである。対象は一六歳から六五歳で、ニュージーランド全土の病院からの紹介や転院してきた人々がリハビリテーションに励んでいる。

事故補償制度（ＡＣＣ）と保健省からの給付を受けて利用している人がほとんどで、利用料は無料である。医療機関ではないが、医師、看護師、心理判定員、言語療法士、理学療法士、作業療法士、栄養士、視能訓練士などの専門職が専任のスタッフとしてサービス提供を行なっている。敷地と建物は、ポリルア（Porirua）という公立の大規模精神科病院であったが、一九九六年に閉鎖し、現在のＡＢＩリハビリテーションセンターとして活用している（図表5-1）。

それではここで、ＡＢＩリハビリテーションセンターが提供するサービスについて二つ紹介する。

まず一つ目がレジデンシャル・サービス（Residential Services）である。中等度から重度の脳損傷の人を対象とし、センター内に居住スペースを提供し、集中的な医療と積極的なリハビリテーションを実施する（病院ではないため入院ではない）。平均的な滞在期間は四〇日で、すべての利用者は在宅に復帰するために努力し、その九〇％がそれを実現している。

そして二つ目がコミュニティ・サービス（Community Services）である。軽度の脳損傷の人を対象とし、それらの人々のために、住宅やコミュニティベースでのリハビリテーションサービスを提供する。それらのサービスを受給するための費用も、すべて事故補償制度と保健省が負担している。

これら二つのリハビリテーションサービスは、一利用者がどのような目的や希望を持っているかを確認した上で、必要な時にチームで連携し提供している。また各専門職は、一人ひとりの利用者に関するアセスメントをおこない、チーム全体が一定の水準以上の支援ができるように、情報を共有している。さらに、利用者のみに留まらず、その家族に対する支援も行なっている。退所後、必要な場合は、自宅での生活のアセスメントや、地域でのグループトレーニングを提供している。

これらはあくまで一例にしか過ぎないが、地域生活における広い範囲で必要なサービスが提供されていることがわかる。それらが今の日本の社会にそのまま合致するか否かは、十分に議論の余地があるが、いずれにしろ、考え方やシステムの中で学ぶべき点は大きいといえるであろう。

3　変化する特別なニーズのある子どもたちへの教育制度

●日本と異なる教育制度

障害のある子どもの教育を所管するニュージーランドの政府機関は、教育省が担当しているが、ニュージーランドでは、一九八九年に教育改革が実施され、各地域の教育委員会がなくなり、それぞれの学校独自で教職員を雇い、学校経営方針を決め運営していくこととなった。

教育省は、二〇一〇年から四年間、「すべての学校や子どもが成功するために」(Success for All—Every School, Every Child) といった、インクルーシブ教育にむけた国のビジョンを掲げている。これに関して、国の機関であり、学校の教育プログラムや運営に関して第三者評価の役割を担う教育評価局 (Education Review Office) は、以下のように述べた。二〇一〇年の調査では、たった五〇％の学校でしかインクルーシブ教育が実施されていなかったため、二〇一四年までに一〇〇％の学校でインクルーシブ教育が実施されることを目標とした。

ニュージーランドの義務教育期間は、六歳から一六歳までである。しかし、五歳になった日から小学校へ入学したり、特別学校 (Special School、日本でいう特別支援学校) は五歳から二一歳まで在籍できたりと、日本とは異なるシステムが特徴である。日本の小学校に該当するのは、初等学校（Primary school、五〜一三歳）であり、日本の中学校・高等学校に該当するのは、中等学校（Secondary school、一三〜一八歳）であるが、初等学校でも一一歳までを対象としていたり、中等学校でも一二歳からを対象としていたり様々である。その他、複合学校（Composite school、五〜一八歳を対象とした、初等教育も中等教育も行う学校。一一〜一五歳の複合学校もある）、マオリ学校（Te kura kaupapa Māori）、中間学校（Middle school、一一〜一五歳）など、一六種類の形態がある。

ニュージーランドの学校数は図表5-4、児童生徒数は図表5-5の通りである。二〇一一年七月一日の時点で、特別学校は四四校（聾学校や盲学校などを含め）と、他の学校種に比べて少なく、そこでは二八八二人が学んでいる。特別学校や特別支援学級に就学する場合は、教育法第九条に規定されているように、教育省長官（Secretary）が、保護者と合意するか、保護者に指示をして、就学が認められる。

●地域の学校に溶け込んでいく障害のある子どもたちの教育

ニュージーランドでは、特別学校が廃止される方向にあり、二〇一二年九月現在二校の特別学校寄宿舎の廃止が検討されている。前述したように、障害のある子どものインクルーシブ教育の実現に向け、居住地域の小学校や中学校の通常学級や特別支援学級への就学が期待されている。通常学級と特別支援学級のある初等学校の一例として、ミラマーセントラル小学校（Miramar Central School）を紹介する。

ウェリントンにあるこの小学校は、四学期制である（図表5-6）。登校は、八時三〇分から五〇分までで、授業開始が九時、モーニングティー（軽食をとる休み時間）が一〇時三〇分から五〇分まで、その後一二時三〇分から一三時二五分まで昼食、一五時下校である。

図表5－4　学校数　（人）

	2006年	2007年	2008年	2009年	2010年	2011年
初等学校（５～13歳）	2,049	2,045	2,034	2,027	2,018	2,007
中等学校（13～18歳）	335	335	335	336	340	342
複合学校	142	144	145	150	155	155
特別学校	47	47	47	47	46	44

図表5－5　児童生徒数　（人）

	2000年	2001年	2002年	2003年	2004年	2005年
初等学校（５～13歳）	450,204	449,491	453,246	456,782	450,196	444,446
中等学校（13～18歳）	236,435	239,481	247,993	257,586	264,522	267,712
複合学校	40,937	42,704	44,436	44,782	47,264	47,848
特別学校	2,113	2,248	2,409	2,605	2,672	2,784
	2006年	2007年	2008年	2009年	2010年	2011年
初等学校（５～13歳）	441,770	439,287	436,543	434,857	435,051	433,524
中等学校（13～18歳）	269,296	270,085	270,149	273,872	275,945	275,524
複合学校	46,900	47,735	48,590	49,259	50,524	50,753
特別学校	2,795	2,799	2,812	2,871	2,878	2,882

図表5－6　ミラマーセントラル小学校の学期制（2012年度）

学　期	期　間
1学期	1月31日　～　4月5日
2学期	4月23日　～　6月29日
3学期	7月16日　～　9月28日
4学期	10月15日　～　12月14日

前述したように教育委員会は存在せず、学校理事会（Board of Trustees）が置かれ、教育省によるニュージーランド教育課程（New Zealand Curriculum）を参考に、児童の実態に応じた学校の教育課程を作成し、経営方針、教諭の採用等、わが国では行政機関が担う役割を学校理事会が果たしている。学校理事会は、校長、保護者、教職員から構成され、毎月第三週目の火曜日の午後七時から約二時間半行なわれている。

ミラマーセントラル小学校の特別支援学級について紹介する。特別支援学級には、五歳から一二歳までの一五人の児童が在籍していた（二〇一一年度）。その児童たちの障害は、自閉症、肢体不自由、知的障害や発達障害などであった。そのうち四人は、この特別支援学級のみで授業を受け、一人は一日中通常学級で授業を受け、残りの一〇人は、一日に少なくとも一時間は、知覚運動（perceptual Motor skill Program）や体育を通常学級で受けるようにしていた。五歳で入学したときから自立に向け、毎日のプログラムの中で、料理、身仕度、所持品を管理するスキルの獲得に向けた活動にとりくんだ。さらには自分の名前、住所、電話番号を覚えるスキルの獲得を目指したりするなど、社会にでた際に困ることがないよう指導された。担任は、「医学的診断は、ただ子どもの学習計画においては役立つかもしれないが、子どもを支援するための重要な情報ではなく、個人（Individual）として子どもたちをみて、個々の困難に対応、支援していく」という考えをもっていた。スタッフは、常勤教諭が二人、アシスタントが一人、五人の加配教諭がいた。また、特別教育支援サービスより、言語療法士、作業療法士、理学療法士が派遣され、児童のコミュニケーション能力や、身体能力を引き出す指導をしていた。

授業は、水泳、コンピューター、バディーリーダーズ（Buddy Readers）、図書、音楽、体育、美術等があった。例えばバディーリーダーズは、毎週水曜日特別支援学級に、通常学級の児童たちが来て、本の読み聞かせを行なった。通常学級の児童たちにとっては、人前で発表することで自信がつき、特別支援学級の児童たちにとっては、聞く力を付けることができ、双方にとって意義があった。その他、特別支援学級に展示する作品を一緒に作ることも行なっていた。

教育省による学校経営指針（National Administration Guidelines）の中で、個別の指導計画（Individual Education Plan：IEP）の方針が定められている。学校経営指針によると、どの学校も、児童・生徒の教育プログラムを進展し、遂行しなければならず、各学校独自に、個別の指導計画の様式を作成する。ミラマーセントラル小学校の特別支援学級では、児童の粗大運動、微細運動、ソーシャルスキル、コミュニケーションスキル、認知、感覚等個々の課題、困難に応じてそれぞれの目標を定め、それに対する教師の指導方法、達成点、評価を記入した、個別の指導計画がある。年度の始めに、教師、両親、医療系スタッフとともに、作成される。図表5-7～5-9は、小学一年生で、最も教育的ニーズの高い児童の個別の指導計画の一部である。二学期末と四学期末に見直しを行なうが、児童が目標を達成した時点で、新たに別の目標を立て、計画を新しくすることもある。

ミラマーセントラル小学校では、二〇一一年、三年ぶりに、教育評価局により学校評価が実施された。学校の特徴、児童の学力の達成度、カリキュラム、維持・改善するための学校のとりくみについて、数値ではなく、記述式で評価され、八ページある報告書は、ホームページで自由に閲覧できる。学校内の特別教育センターや、通常学級と特別支援学級が合同で学ぶ機会があること、個別の指導計画を作成していることなどが、評価された。

図表5-7　自立

目標				
（名前）は，水泳の後，一人で着替えるようにする。 （名前）は，学校でトイレットトレーニングを始めるようにする。 （名前）は，ゆっくり食べるようにする。				
現在のスキル （名前）は，プールの時間，着替えに多くの支援を必要とする。ちゃんと乾かしていないと着替えが難しいので，（名前）は，体をよく乾かすことに注意する必要がある。（名前）とトイレットトレーニングを始めている。（名前）は，現在学校でおむつをつけている。（名前）の排せつがパターン化しているかどうか見極め，排せつ記録を取っている。（名前）は，食べ物を口の中に詰め込む傾向があるので，食べるときは注意が必要である。				
ねらい	指導／方法	M	C	コメント
1．（名前）は，水泳の後の着替えを，できるだけ一人でする。	1．教職員は，勇気づけ，促すようにする。スモールステップで始めていく。（名前）に時間を与えて，（名前）を急がせない。			
2．（名前）は，一人で脱衣する。	2．教職員は，勇気づけ，促すようにする。			
3．（名前）は，少なくとも1日に2回は，便器に座る。	3．教職員は，おむつを仕替える前に（名前）にトイレへ行くよう促す。また，食後30分から35分後にもトイレへ行くよう促す。教師は，（名前）が使うために児童用の便器を用意する。			M=目標達成 C=継続目標
4．（名前）は，食べ物を口の中に詰め込みすぎないように，時間をかけて食べるようにする。	4．食事時間には，教職員が（名前）と一緒に座る。（名前）にひとかみごとに，サンドウィッチを机に置くよう促す。一口ごとに飲み物を飲むよう指導する。			

図表5－8　ソーシャルスキル

<table>
<tr><td colspan="5">目標
（名前）は，1日に少なくとも2時間は，交流学級で過ごすようにする。
（名前）は，交代制の活動に取り組むようにする。
（名前）は，クラスの課題を完成するようにする。</td></tr>
<tr><td colspan="5">現在のスキル
（名前）は，同じクラスの児童と教師と一緒に，毎朝，交流学級へ行っている。（名前）たちは，そのクラスの時間割に従い，フィットネスや文字の勉強などの活動に参加している。（名前）は，食事のとき，机に敷かれる名前が書かれたランチョンマットを置くなどの仕事が好きで，とても気が利く。（名前）は，名前を覚えて，机の上の決められた場所に，それぞれの児童のランチョンマットを置くことを学んでいる。クラスメイトの名前の字を覚えて，渡すことができるようになるので，本を配ることも役に立っている。</td></tr>
<tr><td>ねらい
1．（名前）は，毎朝，交流学級で過ごすようにする。
2．（名前）は，毎日，小集団で活動するようにする。
3．（名前）は，順番にクラスの課題を完成するようにする。</td><td>指導／方法
1．教師が支援をする。
2．教師が，ビンゴやカルタなどのゲームや交代制の活動など，グループ活動を企画する。
3．課題には，友達と一緒に出席簿をオフィスへ持っていったり，クラスメイトに本を配ったりすることなどである。</td><td>M</td><td>C</td><td>コメント

M＝目標達成
C＝継続目標</td></tr>
</table>

図表5－9　微細運動

<table>
<tr><td colspan="5">目標
（名前）は，顔など，簡単な絵を描くことを学ぶ。
（名前）は，3つの簡単な図形を描くことができる。
（名前）は，鉛筆の握り方を改善する。</td></tr>
<tr><td colspan="5">現在のスキル
（名前）は，鉛筆の握り方を継続して直している。（名前）は，毎日，文字をなぞることによって，ブロック体を練習している。まずは，小文字から始めている。（名前）は，顔のための円を描き始めているが，目や鼻などは付け加えない。（名前）は，塗り絵をしてみてと言われると，大きくはっきりと描くのではなく，細い線や点を書く。</td></tr>
<tr><td>ねらい
1．（名前）は，毎日，ブロック体を練習する。
2．（名前）は，大きなイラストの中をきちんと塗る。
3．（名前）は，簡単な形や絵を描く。</td><td>指導
1．教師が，罫線の広い用紙とともにブロック体のテキストを渡すようにする。小文字に集中させる。練習用シートを用意する。
2．教師が，塗り絵を渡すようにする。
3．円，三角形，四角形から始める。少しずつ，顔のいろんなパーツを加えていくようにする。少しずつ身体，手足を加えていくようにする。</td><td>M</td><td>C</td><td>コメント

M＝目標達成
C＝継続目標</td></tr>
</table>

●地域社会での教育・学習の機会の保障

ニュージーランドでは、障害児・者及びその家族らで構成される組織や、当事者で構成される組織などの活動が盛んである。学校以外の地域社会での学習や生活面のサポート機関が充実しており、政府からの公費によって運営している機関も多い。

その一つとしてCCSがある。CCSは身体障害のある人々の権利擁護団体として立ち上げられ、障害児及びその家族への生活支援、マオリ族の支援、学校卒業後の移行支援、就労支援、自立支援、障害者・高齢者用車両駐車許可政策、情報提供サービス等の事業を行なっている。政府の支援を受け、国内に二九か所支部がある。CCSウェリントン支部は、スタッフ三〇名でウェリントンに住む障害児・者及びその家族を支援対象とし、就労支援・学校卒業後の移行支援合わせて三〇人、障害児者及びその家族への生活支援五〇人、障害者・高齢者用車両駐車許可政策八〇〇〇人、情報提供サービス二〇〇人が利用している。たとえば、CCSウェリントン支部にて就労支援を受けている学習障害（LD）の四一歳の男性の事例を紹介する。彼は、車の運転免許を取得するため、CSSを通して、リード・ライト・プラス（Read Write Plus）という、読み書きが困難な人のために、読み書き代替者を派遣する機関を利用した。ニュージーランドには、リテラシー・アオテアロア（Literacy Aotearoa）とよばれる政府の組織があり、国内にはその組織に属した読み書きを支援する機関が五一か所存在する。リード・ライト・プラスもそのうちの一つである。

また、自閉症ニュージーランド（Autism New Zealamd Inc.）は、アスペルガー症候群を含む自閉症スペクトラムに関するサポート、トレーニング、権利擁護、資源や情報を提供するNGOである。障害児・者及び、その家族、支援者、専門家等、六〇〇〇人以上の会員から構成されている。

その自閉症ニュージーランドの政策調査分析官（Research & Policy Analyst）であるマット・フロスト

(Matt Frost) は、彼自身アスペルガー症候群である。マットは、「自閉症は人格の一つにすぎず、自閉症をもっていても就労等希望を叶える権利がある」と述べた。マットは、自閉症をもつ者の社会参加や就労に対して、「チャレンジ (Challenge)」という言葉をよく用いていた。また、マットが受けてきた教育について質問をしたときの回答の中にも、「チャレンジ」があった。

マットは「障害のある人はリスクを排除しながら、自分でいろいろなチャレンジをすることが大事である。これは、障害をもたない者も同様である。リスクを排除しながらやっていかないと、学ぶことはない」と語っていた。

マットは、「ニュージーランドでも、自閉症をもつ者の社会参加が容易にできるわけではない。障害のある人は、リスクを排除しながら、自分でいろいろなチャレンジをすることが大事である。これは、障害をもたない者も同様である。リスクを排除しながらやっていかないと、学ぶことはない」と語っていた。社会のサポートがある限り、自分の能力で貢献できることがあれば貢献し続けたいという強い思いももっていた。まさにそれ自体が、この国のインクルーシブ教育や社会支援の水準を反映しているといえる。

●障害戦略以降のインクルーシブ教育

最後に、二〇〇一年の障害戦略以降の主な特別教育に関わる制度や行政の動きについて紹介する。

二〇〇三年に新特別教育指針 (New Special Education Guidelines) が公表された。特別教育を受ける児童や生徒は、障害のない同世代の児童や生徒と同じように質的に高い教育を受ける権利があることが示され、その主な焦点は、児童・生徒個々のニーズや発達上のニーズを満たすことであるとされた。また、教育評価局は、初等学校一五一校、中等学校一八校、複合学校七校、特別学校二校の計一七八校を対象に調査した、学校における障害戦略（The New Zealand Disability Strategy in Schools）を報告した。障害戦略の目標3「障害のある人にとっての最良の教育の保障」に定められているように、障害のある児童や生徒の教育的ニーズを満たすための多様な活動が行なわれていることが評価された。しかし、障害戦略の目標4「障害のある人にとっての雇用と経済的発展の機会の保障」は、どの程度学校がとりくんでいるのか明らかでなく、また学校で働く障害のある人への特別なプログラムの有無についても明確でなく、今後の課題であった。

二〇〇四年には、教育評価局が一九九八年から始められた学習・行動支援リソース教員（Resource Teachers：Learning and Behaviour(2)、以下ＲＴＬＢ）の功績を報告した。しかし、ほとんどの地域でＲＴＬＢの成果がみられず、二〇〇九年にも同様の結果が報告された。

二〇〇五年には、「すべての子どもたちのためのより大きな変革（Making a Bigger Difference for all Students）」という二〇〇五年から二〇一〇年にわたる学校教育戦略が打ち出された。その中で、すべての子どもが教育において共生すべきであることが示された。

二〇〇六年には、五年計画のアクションプラン「子どもたちへ良い未来を（Better Outcomes for Children）」が公表された。その中で特別教育支援サービスによる支援を受ける子どもたちへのサービス向上、学力の保障などが示された。

二〇〇九年のオンブズマン（The Office of the Ombudsmen）年刊レポートでは、特別なニーズのある子どもたちが、教室内で十分な支援を受けていないことへの懸念が記された。

二〇一二年教育評価局より「最も教育的ニーズの高い子どもたちのインクルージョン――学校を対象としたアンケートの結果より（Including Students with High Needs：School Questionnaire Responses (2)）」が報告された。二〇一一年の三学期と四学期に、初等学校、中等学校、複合学校合わせて二五四校を対象にアンケートを行ない、八八％の学校がインクルーシブ教育を実現しており、さらに八〇％の学校が特別支援教育コーディネーターを配置しているという結果を示すものであった。

最後に、ＣＣＳが作成したニュージーランドの特別教育の歴史（Special Education A New Zealand History）を参考に、**図表5-10**の年表を作成した。

まとめ

本章では、障害戦略の策定を中心に据えながら、その前後における地域生活支援や医療、リハビリテーション、さらには教育について焦点を当てた。

とくに地域生活支援では、大規模入所施設の閉鎖の本格化に伴い、レジデンシャル・ハウスを中心とした地域生活への移行が行なわれた。さらに近年ではＣＩＣＬの理念にもとづき、これまで以上に積極的なとりくみが行なわれるようになっている。

医療とリハビリテーション、さらに教育分野では、地区保健委員会や政府機関の支援により、日常生活における各々のニーズに沿った様々なサービスが提供されている。

しかしその一方で、日本が直面する問題と同様の課題を抱えているのも事実である。いずれにせよ、上記の点を含め、日本が学ぶべき点は多いと言えるであろう。

（手島有貴・竹山孝明・横山由季）

図表5-10　特別支援教育に関する年表

年代	政府等による特別支援教育に関する事柄
1995	特別教育2000（Special Education 2000）
2001	ニュージーランド障害戦略（New Zealand Disability Strategy）
2003	・特別教育における効果的実践の向上（Enhancing Effective Practice in Special Education） 3年調査プロジェクトを開始 ・新特別教育指針（New Special Education Guidelines） ・学校におけるニュージーランド障害戦略（The New Zealand Disability Strategy in Schools）
2004	教育課程方針と特別教育（Curriculum Policy and Special Education）
2005	・すべての子どもたちのためのより大きな変革（Making a Bigger Difference for all Students） ・人権委員会（Human Rights Commission）による，人権のための NZ 行動計画（New Zealand Action Plan for Human Rights）
2006	子どもたちへ良い未来を（Better Outcomes for Children）
2007	・特別支援教育を受ける者のアセスメント（Assessment for Learners with Special Education Needs） ・インクルーシブ教育活動団体（Inclusive Education Action Group）発足
2008	・スクールプラス（Schools Plus） ・ニュージーランドスキル戦略（New Zealand Skills Strategy）
2009	・第三次教育戦略（Tertiary Education Strategy） ・特別教育資源の調査（Survey of Special Education Resourcing） ・人権委員会による，教育における障害児の権利（Disabled Children's Right to Education） ・ナラティブ・アセスメント　ガイド（Narrative Assessment Guide） ・特別なニーズを受ける者の教育課程事例集（Curriculum Exemplars for Learners with Special Needs）
2010	・特別教育評価（Review of Special Education） ・すべての学校や子どもが成功するために（Success for All？Every School, Every Child）
2012	・最も教育的ニーズの高い子どもたちのインクルージョン～学校を対象としたアンケートの結果より～（Including Students with High Needs:School Questionnaire Responses (2)）

注

（1）特別教育支援サービス（Group Special Education：GSE）とは、理学療法士（ＰＴ）、作業療法士（ＯＴ）、言語聴覚士（ＳＴ）などの医療スタッフをはじめとした専門家による組織であり、教育省に属し、各学校や就学前教育の場にスタッフとして派遣され、児童生徒の指導に当たる。二〇〇二年、Specialist Education Services（ＳＥＳ）と統合した。

（2）Resource Teachers: Learning and Behaviour（ＲＴＬＢ）は、一年生から一〇年生までの中度の学習もしくは行動上に困難がある児童生徒のニーズを満たすため、教職員、保護者、地域の人々を支援する、学校に勤務する専門教員である。

参考文献

八巻正治（二〇〇八）「インクルーシヴ福祉支援実践論研究［Ⅱ］――アオテアロア／ニュージーランドにおける施設解体閉鎖について」『社会福祉学研究』第三号、弘前学院大学大学院社会福祉学研究科、二九～四六頁

八巻正治（二〇〇九）「人間のための福祉支援実践論研究――アオテアロア／ニュージーランドにおける権利擁護システムの分析」『尚絅学院大学紀要』五八集、八三～九三頁

IHC（1995）'Case for Closure' "*Community Moves*"

太谷亜由美（二〇〇八）「ニュージーランドの医療制度改革――一次診療における不平等削減への試み」『生活経済学研究』No27、二九～四八頁

藤澤由和（二〇〇四）「ニュージーランドにおける医療制度改革とニュー・パブリック・マネジメント」『医療経済研究』vol.14、二七～四〇頁

参考ＵＲＬ

http://www.miramarcentral.school.nz/　（二〇一一年二月現在）
http://www.literacy.org.nz/index.php　（二〇一一年九月現在）
New Zealand Speech-language Therapists' Association（NZSTA）（2007）"*About NZSTA*" NZSTA Homepage（http://www.speechtherapy.org.nz/）（二〇一一年九月現在）
MidCentral District Health Board（2012）"*Health Services—Rehabilitation Services*" MidCentral District Health Board Homepage（http://www.midcentraldhb.govt.nz/Pages/Home.aspx#）（二〇一一年一一月現在）
abi Rehabilitation（2011）"*Information-for-clients-and-families*" abi Rehabilitation Homepage（http://www.abi-rehab.co.nz/）（二〇一一年九月現在）
在オークランド日本国際領事館（二〇一一）「安全と生活——医療」在オークランド日本国際領事館ホームページ（http://www.auckland.nz.emb-japan.go.jp/index_j.htm）（二〇一一年一一月現在）
Ministry of Education（http://www.minedu.govt.nz/）
「平成二二年度障害のある児童生徒の就学形態に関する国際比較調査報告書」（http://www8.cao.go.jp/shougai/suishin/tyosa/h22kokusai/index.html）
CCS Disability Action Information Service（2010）"Special Education A New Zealand History"（http://www.cpsoc.org.nz/PDF/CP%20Website%20Special%20Education%20Timeline%202010%20_1_.pdf）（二〇一一年一二月現在）
Education Review Office（2012）"Including Students with High Needs:School Questionnaire Responses（2）"（http://www.ero.govt.nz/National-Reports/Including-Students-with-High-Needs-School-Questionnaire-Responses-2-September-2012）（二〇一一年一二月現在）
Education Review Office（2003）"The New Zealand Disability Strategy in Schools" pp. 14-16
Ministry of Education（2011）"Collaboration for Success：INDIVIDUAL EDUCATION PLANS"（http://www.

minedu.govt.nz/NZEducation/EducationPolicies/SpecialEducation/PublicationsAndResources/FormsAndGuidelines/~/media/MinEdu/Files/EducationSectors/SpecialEducation/FormsGuidelines/CollaborationForSuccessIEP.pdf）（二〇一三年一月現在）

終　章

ニュージーランド障害施策の課題と日本への示唆

これまで序章から第5章まで、ニュージーランド障害戦略（以下、障害戦略）と障害者権利条約（以下、権利条約）批准を経た同国の障害施策の変化をたどってきた。

では障害戦略による改革について、障害のある本人や支援者はどのように受けとめているのか。障害のある人や支援者のインタビューを通して、障害戦略の成果と課題をみてみる。またニュージーランド政府の調査結果や障害戦略の年次報告をもとに、政府自らが自国の障害施策をどのように評価しているのかを概観する。

そのうえで本章では、それらの評価や調査結果を踏まえて、ニュージーランド障害施策の現状と到達から、日本への示唆を検討する。

1　ニュージーランドの障害施策は充実しているのか

●障害のある人たちはどのように評価しているのか

ニュージーランドで実際に暮らしている障害のある人たちは、どのように実感しているのだろうか。

二〇〇一年の障害戦略策定直前まで、ニュージーランド保健省のコンサルタントをしていたバリー・デ・ギースト（Barry de Geest）はサリドマイドの障害当事者である。現在バリーは、障害のある仲間たちとオークランドで、サポーテッド・リビング等のサービスを提供するルネッサンス・グループ（Renaissance Group）を立ち上げ、そのチーフ・エグゼクティブを担っている。

「障害のある人たちは、ニュージーランドの障害施策に満足しているか」と尋ねてみたが、バリーは「みんな、満足していない」と即答した。

「障害のある人の多くは定職に就けない。彼らは、障害給付で暮らしているが、それは十分な水準ではない。障害給付や住宅手当が支給されても、週八〇ドル（五六〇〇円）の就労収入を超えると障害給付は減額されてしまう。また十分な障害給付でなくても、そこから所得税を支払わなければならない」と語り、バリーは、さらに具体的な数字のメモを示し、次のように説明した。

▶バリー・デ・ギースト（写真中央）

「障害のある人が一人暮らしをするための経費の概算は、家賃が週三〇〇ドル（二万一〇〇〇円）、光熱水費が一〇〇ドル（七千円）、食費が八〇ドル（五六〇〇円）、交通・移動費が五〇ドル（三五〇〇円）で、合計五三〇ドル（三万七一〇〇円）となる。あくまでも一人暮らしの身体障害の人の標準的な経費だが、月に換算すると約二一二〇ドル（一四万八四〇〇円）で、年間では約二万五四四〇ドル（一七八万円）かかる。ところが、障害給付等による障害のある人の平均的な年収は約二万二〇〇〇ドル（一五四万円）だから、貧しい人は多い。ちなみに国民の平均年収は約四万五〇〇〇ドル（三一五万円）といわれているから、障害のある人はその半分の収入だ」と強く訴えた。

では「障害戦略の策定や権利条約の批准は、効果がなかったのか」と尋ねると、「それは違う」とバリーは反論した。

「障害戦略と権利条約の批准は、チェンジするための下地をつくった。何を変えるのかというと、本人と地域社会と制度を変えることだ。障害があっても、障害のない市民と平等の教育が保障されるべきだ。そうすることで新たな能力や力を見出すことができる。また地域社会には、まだまだ偏見や差別が残っている。それらをなくすためには、地域社会を変える、企業を変えることだ。そしてもっと、障害に伴う障壁や、人としてのつながりを隔てる心のバリアを取り除くためにも、インクルーシブな社会と制度に変えていかないといけない」とバリーは熱く語った。

●障害のある人と家族たちの思いと不安

自閉症ニュージーランド（Autism New Zealand Inc.）のマット・フロスト（Matt Frost）は、アスペルガー症候群であることを自ら公表し、当事者の立場から、働く意思があるにも関わらず働くことのできていない自閉症の人を支援する活動を行なっている。

マットは、障害のある人が仕事に就く上での重要な条件として、「①仕事に満足できること、②納得のいく収入が得られること、③職場の同僚たちに理解と支え合いが得られること」の三点をあげていた。現状では、それらが十分に保障されてはいないが、「障害があっても、希望を叶える権利はある」と強調し、「必要な支援さえあれば、社会の中で自分の役割を果たしていくことができる」とも語っていた。マットの主張の背景には、自閉症等の障害のある人の就労が、なかなか困難な状況にあることがうかがえた。

二〇一一年九月に、ニュージーランド人権委員会（Human Rights Committee）における社会開発省・障害問題担当局責任者に就任した視覚障害のあるポール・ギブソン（Paul Gibson）は、「〝すべての人が自由、平等である〟ことは、障害のある人も例外ではない」という権利条約の根本的な原則に照らすと、ニュージーランドでは、障害のある人の人権に関する社会の理解は、まだまだ課題を残していると指摘した。しかしニュージーランドでは、政府機関として人権委員会が設立されたため、今後徐々に社会の理解が促進することを期待したいと述べていた。

またウェリントンで、重い難病をもつ二歳の娘と暮らしているバージニア夫妻は、「娘には、毎日の医療的なケアが必要なのだが、物理的にも毎日病院に通うことは難しい」と嘆いていた。そのため、家庭で両親にもできるケアの方法を学び、家庭でのケアを毎日とりくんでいるとのことだった。さらに、食べ物を飲み込むことがうまくできないため、食事の時に細心の配慮が必要なのだという。それだけでも、本人および両親の苦労は計り知れない。バージニアは、「障害のある子どもがいる家庭は、生活の全てが大きく変化する。家庭もそうだが、人生そのものが障害と向き合う生き方に変わる。これは障害のない人とその家庭にはないこと」と、これからの生活への不安も滲ませながら語っていた。また「地域によって支援の格差がある」ことも指摘していた。

障害のある子どもを育てるうえで、家族の抱える不安と負担は、どこの国も同じなのであろうか。

●支援者はどのように評価しているのか

一方、障害のある人を支援する側は、障害戦略の策定と権利条約の批准を経た現在のニュージーランドの障害施策をどのように評価しているのだろうか。とくに大きな変化を伴ったのは、就労支援の分野であり、第４章で述べたように最低賃金法と休日給与法の除外を認めていた障害者雇用促進法を二〇〇七年に廃止したことで、すべてのワークショップが消滅した。その結果、成人期の障害のある人たちの選択肢は、デイセンターか、もしくは援助付き雇用を経た企業等での就労となった。

二〇〇〇年にハミルトンで開設したキャリア・ムーブ（Career Moves）は、五人のジョブコーチを配置し、雇用コンサルタントとトランジッションサービスや援助付き雇用などにとりくんでいる。ウェリントンで同

▶ロイ・ウィルソン（写真左端）

様の活動をしているエマージの設立母体は、障害のある子どもの親たちだったが、キャリア・ムーブのチーフ・エグゼクティブを務めているロイ・ウィルソン（Roy Wilson）は、元ワークショップのスタッフだった。

「ワークショップのような働く場は、残しておくべき必要性はなかったのか」とロイに尋ねてみた。

「すべてがそうではなかったが、ワークショップの多くは、地域社会から隔絶された場所だった。もっと厳しい言い方をすると、最低賃金以下の賃金で障害のある労働者を安上がりに雇える場でしかなく、ワークショップを通じて社会に参加するという風潮も、社会につながるという考え方も薄かった」と、たいへん厳しいワークショップ批判が返ってきた。

じつは、このワークショップ批判の背景には、そもそも制度上の問題があった。障害者雇用促進法が廃止される前までのワークショップの運営に対する公費補助は、障害のある人一人当たり年額約二三一四ドル（約一六万二〇〇〇円）だった。月額わずか一万三五〇〇円の公費補助では、障害のある人たちの働くことを支えるスタッフを雇うことはできなかった。そのため、ロイの指摘しているような「閉鎖的な低賃金雇用の場」という傾向が強まったようだ。

「では、デイセンターについては、どう評価しているのか。いくつかのデイセンターを訪問すると、もっと働ける、あるいは働きたいだろうと思える障害のある人たちと出会った」と述べると、ロイは「デイセンターは、重要な資源だ。一般就労が困難な人の社会参加の場だけでなく、一般就労や援助付き雇用で働く人たちの気分転換の場になる。週五日の勤務が難しい人にとって、週三日就労し、二日はデイセンターに通うという選択肢ができる。そういう場として必要不可欠な場である」と、まったく淀みなく回答が返ってきた。前述したウェリントンで就労支援にとりくんでいるエマージでも、就労支援とデイセンターについて尋ねてみた。エマージのスタッフは、「たしかに、社会で働くことがインクルーシブの実現ではあるが、すべての障害のある人たちが一般就労を望んでいる訳ではない。中には、デイセンターでの創作的な活動がふさわしい場合もある」と話していた。

さらにそのスタッフに、「どうしても企業就労が難しい人にとっては、生産性が低くても支援付きで継続的に働ける場も必要なのではないか」と尋ねてみたが、「そういう場が望ましい人たちもいる」という答えが返ってきた。

2 ニュージーランド政府調査にみる障害のある人たちの現状

ニュージーランド政府は五年に一度、障害のある人の実態調査を行なっている。ここでは、「二〇〇六年障害調査」(2006 Disability Survey)の結果をもとに、ニュージーランドの障害のある人たちの生活の水準や就労実態などを浮き彫りにしたい。

二〇〇六年調査時点で、ニュージーランド国内で生活をする障害のある人は約六六万人であった。ただし、過去の一九九六年調査の約七〇万人、二〇〇一年調査の約七四万人に比べて相当に減少していた。障害の出現率でみても、一九九六年一九%、二〇〇一年二〇%、二〇〇六年一六%と大きな差が生じていた。こうした「二〇〇六年障害調査」と、過去の調査結果との大幅な誤差についてニュージーランド政府は、統計上の要因として、調査票・解析システムを大幅に変更したことや、それに伴うエラーサンプルの誤差などをあげている。非統計的な要因としては、医療の負担増などによるアクセスの減少などをあげている。

そのため、ここでは過去の統計との比較検討はせずに、「二〇〇六年障害調査」からニュージーランドの実態を浮き彫りにする。とくに、障害認定、居住、収入、就労分野を重点に紹介する。それは、ニュージーランドの社会保障の基本が、普遍的な所得保障を基盤としていること、また障害戦略と権利条約の主要な理念が、社会モデルの重視や「障害のない人との平等」であり、さらに雇用・就労支援が重点政策だからである。なお本調査の集計は、千人以下を四捨五入しているため、合計値及び割合（％）が合致していない場合がある。

●障害の種別とその認定の尺度

ニュージーランドの障害調査における障害分類は、日本とは大きく違う。また手帳制度もない。一五歳未満では移動障害、身辺自立の困難、学習障害がカウントされず、一五歳以上では、その分類の占める割合は高くなるなど、独特である。障害の種別については、機能障害や能力障害、日常・社会生活上の障害によって分類されている。

一五歳未満では、特別な教育を要する障害が四六％ともっとも多く、次いで慢性疾患／健康問題の三九％であるが、ここには「コミュニケーションや社会性での課題や、同年代の人が通常できている日常活動をすることができない状態で、アルツハイマーや高次脳機能障害、てんかんなども含む」と定義されている[1]（図表終-1）。

それに対して一五歳以上の人では、移動障害が五三％ともっとも多く、次いで身辺自立の困難が四七％、聴力障害が三四％という結果だった。移動能力では「休憩なしで三五〇m歩ける」という認定の尺度が示されている。

日本の身体障害者手帳の等級判定は、疾患・疾病、機能障害ごとに判定基準が細かく定められている。肢体不自由の場合、関節・手指機能・上肢下肢の機能障害の程度によって等級判定される。歩行では「一km以上の歩行不能」が「著しい障害」と認定される点などは、ニュージーランドの認定尺度と大きく違う。また福祉の支援の量を決定する障害程度区分認定調査では、「車椅子利用者が手すりにつかまって五m歩ける」と、「歩行できる」と認定されてしまうことも含めると、いかに障害の種別や程度の判定や、支援の必要度の認定基準に隔たりがあるかが理解できる。さらに聴力障害には、「他の人との会話を聞きとることの難しさ、聞きとることが困難」という評価も含まれるため、日本で理解されている聴覚障害の範囲にとどまらないと思われる。

●障害のある人たちの居住の状況

障害のある人の九五・三％が家族との同居や一人暮らしをしているのに対して、レジデンシャル・ハウス（居住施設）や病院等に入所している人は四・七％だった。この結果は、二〇〇七年に大規模入所施設の解体を完了し、脱施設化した結果を物語っていた（図表終-2）。なおニュージーランドでは、レジデンシャル・ハウスも居住施設・病院等入所者に含んでいる。また、居住施設・病院等入所者のうち八五％の人が七五歳以上だったが、その多くはレストハウス（高齢者の居住施設）が占めていた。

地域で暮らす障害のある人の世帯構成は、一人親を含む一世帯家族が七一％ともっとも多く、次いで一人

図表終－1　障害種別の状況

人数（%）

	15歳未満	15歳以上
聴力障害（Hearing）	13,300（15）	181,000（34）
視力障害（Seeing）	11,400（13）	59,700（11）
言語障害（Speaking）	19,300（21）	37,100（7）
知的障害（Intellectual）	16,900（19）	31,700（6）
精神障害／心的障害（Psychiatric ／ psychological）	19,300（21）	83,000（15）
慢性疾患／健康問題（Chronic condition ／ Health problem）	35,000（39）	
テクニカルエイド使用（Uses technical aids）	9,500（11）	
特別教育（Special education）	41,000（46）	
移動障害（Mobility）		285,000（53）
身辺自立困難（Agility）		256,100（47）
学習障害（Learning）		65,600（12）
記憶障害（Remembering）		84,600（16）
その他（Other）	13,500（15）	91,500（17）
合計	90,000(100)	539,200(100)

（出所）*2006 Disability Survey*（2006年障害調査）より作成。

図表終－2　障害のある人の居住状況

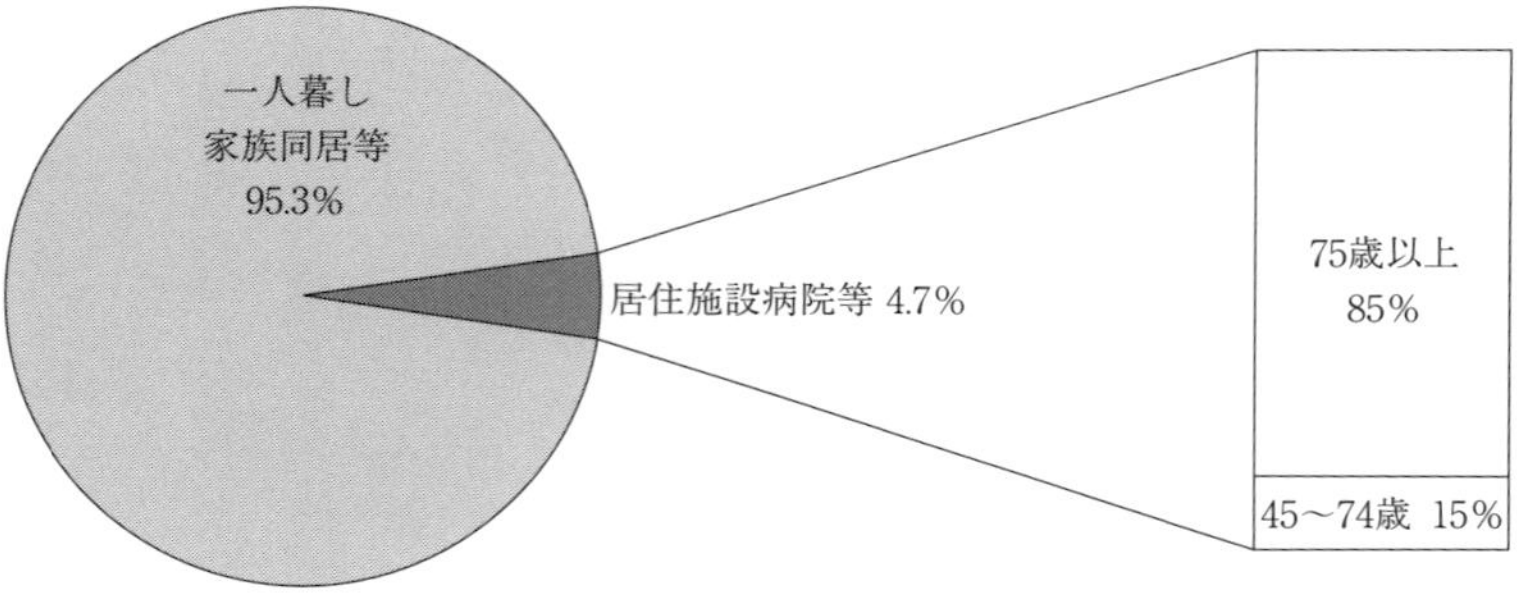

（出所）図表終－1と同じ。

暮らしの一八％、他の複数の世帯の四％、二世帯以上の家族の三％という結果だった（図表終-3）。二世帯や複数世帯以上の家族での暮らしは、マオリ族など生活習慣が影響していた。

●障害のある人の収入の状況

先に紹介したルネッサンス・グループのバリーの「障害のある人は貧しい」という言葉の根拠を検証してみた。障害のある人とない人を比較すると、その結果は歴然としていた。

一五歳以上の障害のある人では、年収一万五千ドル（約一〇五万円）未満の人が三九％ともっとも多く、次いで一万五千〜三万ドル（約一〇五万〜二一〇万円）の人たちが二六％となっていた（図表終-4）。つまり、一五歳以上の障害のある人の六五％が年収三万ドル（約二一〇万円）未満ということになる。ニュージーランドの相対的貧困線の所得額を調べることはできなかったが、ちなみに日本の貧困線は年収一二五万円であり、年収二〇〇万円はワーキングプアのラインといわれている。単純に比較はできないが、日本の貧困水準からみても、ニュージーランドの障害のある人たちの収入水準が十分とは言い難い。

また世帯の収入については、「二〇〇六年障害調査」の一つである「二〇〇六年障害とインフォーマルケア調査」（Disability and Informal Care in New Zealand in 2006）からみてみる。

一五歳以上の障害のある人とない人の世帯収入をみても、障害のある人の世帯収入の水準は、障害のない人の世帯収入を下まわっていた（図表終-5）。年収三万ドル（約二一〇万円）未満では、障害のある人の世帯は三三％を占めていたのに対して、障害のない人の世帯はわずか一四％にとどまった。一方、年収五万ドル（約三五〇万円）以上では、障害のある人の世帯が三二％だったのに対して、障害のない人の世帯は五六％と半数を占めた。しかも年収七万ドル（約四九〇万円）以上の障害のない人の世帯は四一％であり、障害のあ

図表終-3　地域で暮らす障害のある人の世帯構成

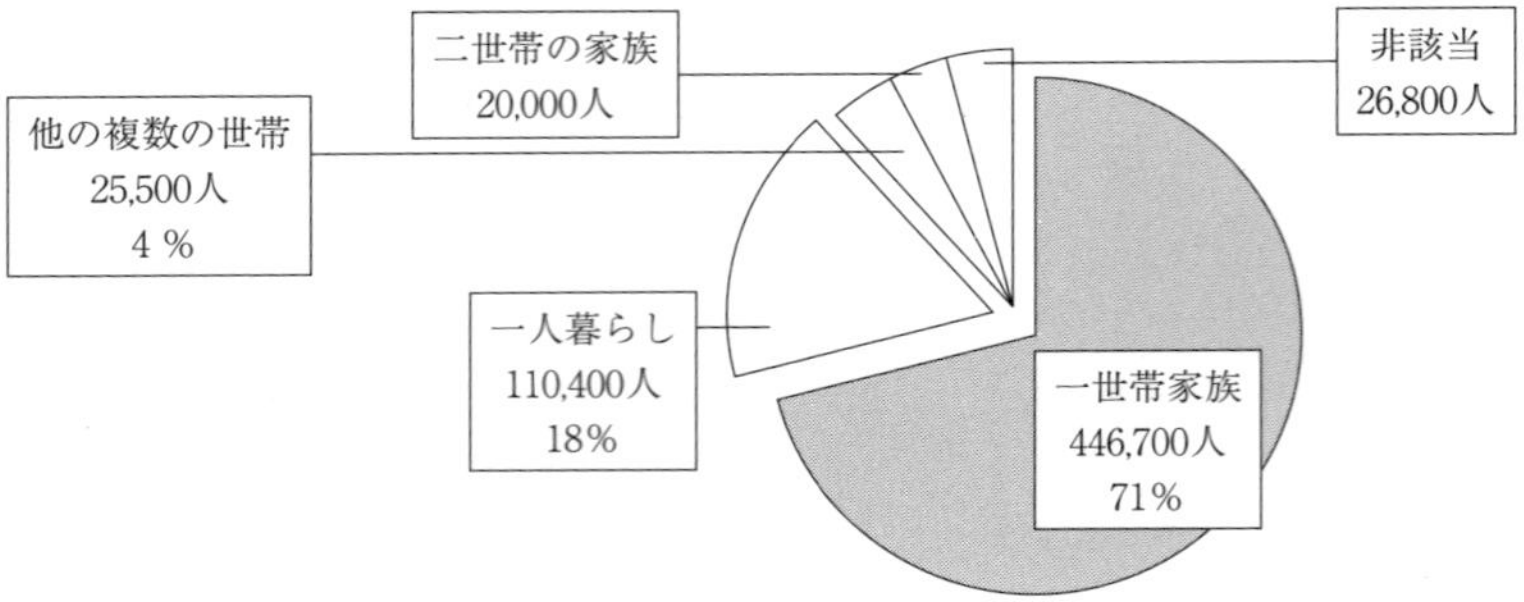

（出所）　図表終-1と同じ。

図表終-4　15歳以上の障害のある人とない人の個人収入（年収）　（％）

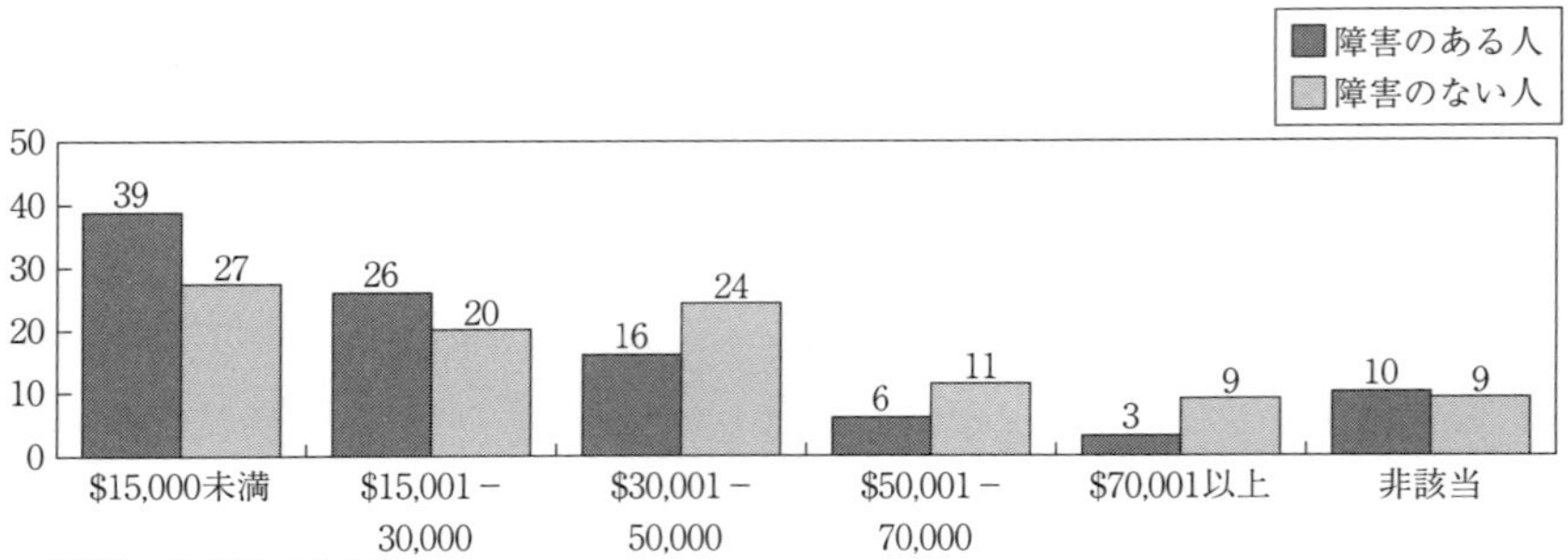

（出所）　図表終-1と同じ。

図表終-5　15歳以上の障害のある人とない人の世帯収入（年収）　（％）

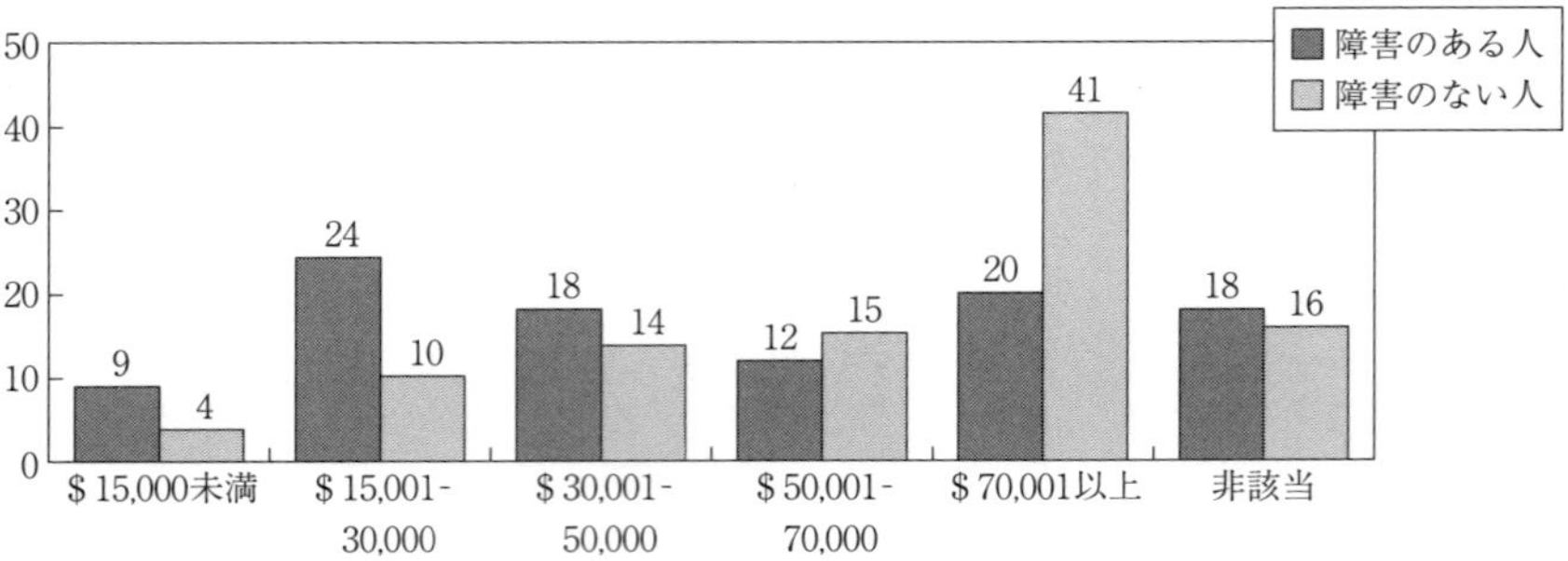

（出所）　*Disability and Informal Care in New Zealand in 2006*（2006年障害とインフォーマルケア調査）table 2a, 2bより作成。

である。

る人の世帯の倍であった。つまり、世帯でみても、障害のある人とない人の所得格差がみられるということである。

●働いている障害のある人の収入

人が社会の一員として生きていることの一つの証である就労と、生活の糧の源泉となる就労収入の実態をみてみたい。

ニュージーランドと日本では、就労や失業のとらえ方が異なる。まず就労者は、雇用関係で職業に就いている人もしくは自営業者で、収入を得るために「週一時間以上働いた人」であるか、自らもしくは家業としての農場や事業に、未収入で「週一時間以上働いた人」も含まれている。また失業者は、労働力がありながら仕事に就けない人である。さらに労働力外は、引退している人、学生、無給の家事労働に従事している人、そして障害のために就労できない人である。

このように就労のとらえ方に幅があるためか、六五歳未満の障害のある人の五九％が就労しているという結果だった（図表終-6）。ただし六五歳以上を含めると四二％であった。それに対して、六五歳以上を含む障害のない人の就労者は七〇％となっていた。

働いている人の収入でも、障害の有無による格差がみられた。就労している障害のある人の収入では約半数に相当する四五％の人が年収三万ドル（約二一〇万円）未満であり、障害のない人では五八％が年収三万ドル以上であり、そのうち二七％の人が年収五万ドル（約三五〇万円）以上だった。

こうした障害のある人の低い就労収入の要因を探るために、「二〇〇六年障害調査」の一つである「二〇〇六年障害と労働市場調査」（Disability and the Labour Market in New Zealand in 2006）から、その実態をみて

図表終-6　障害のある人とない人の就労実態

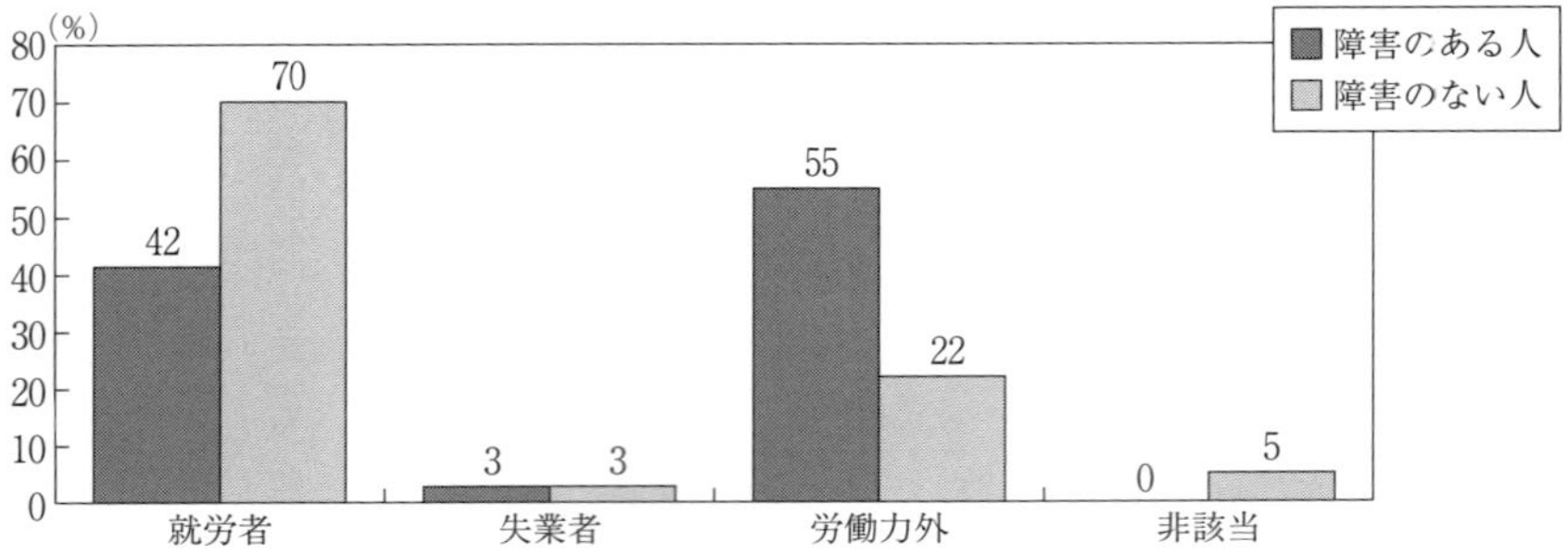

（出所）　図表終-1と同じ。

図表終-7　就労のために必要とされる合理的配慮

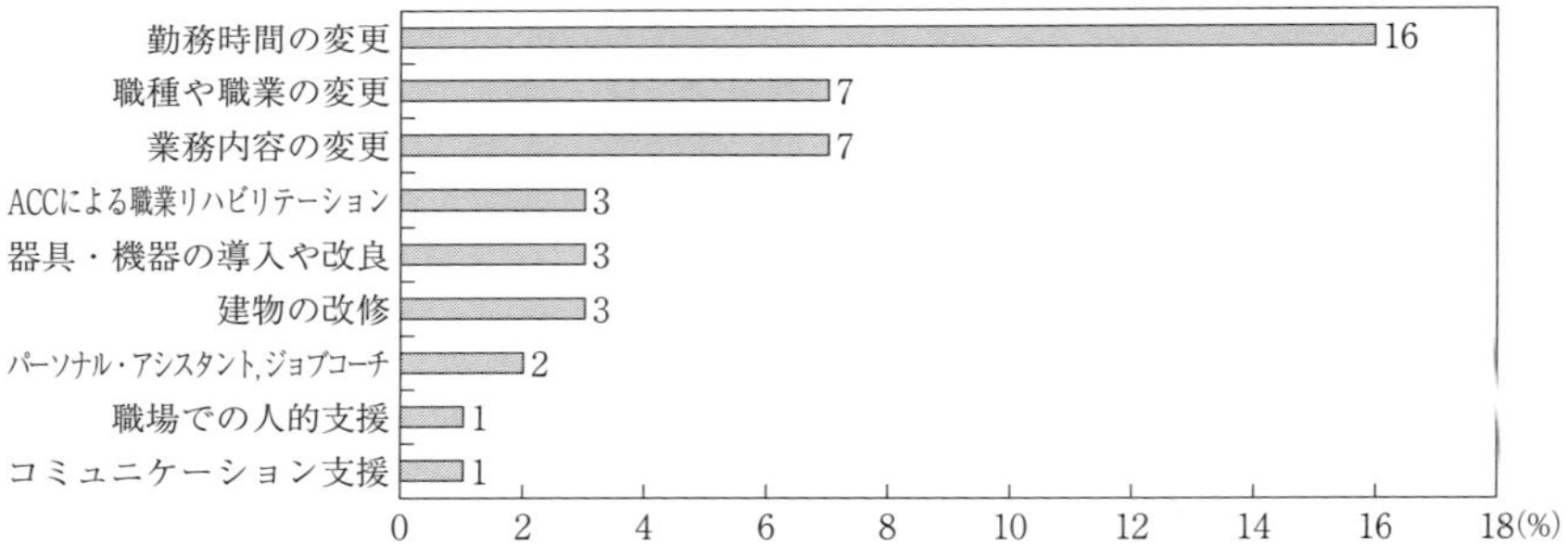

（出所）　*Disability and the Labour Market in New Zealand in 2006*（2006年障害と労働市場調査）より作成。

みる。

まず、障害のある人は働く時間と職業の選択が限られてしまうと指摘していた。調査結果によると、障害のない人よりも障害のある人の割合が多かった職業では、健康やコミュニティサービスの一三％（非障害、以下同、七％）、建設業の一一％（八％）、農業・林業・漁業の一〇％（六％）などであり、主な仕事は、農業・林業などの現場作業や建設業での組み立てや単純作業が多かった。その結果、一定の技術や熟練した技能を必要とする職業では、障害のある人の就労率は低くなってしまうようだ。

また障害の種別による特徴では、視力や聴力に比べて、知的障害や精神障害のある人の就労者数が少なかった。

●就労における「合理的配慮」への希望

さらに「二〇〇六年障害と労働市場調査」には、「権利条約」批准国ならではの調査項目がある。それは、就労するために必要となる特別な機器や支援、つまり合理的配慮の項目である。

図表終-7は、就労者だけでなく、「働きたい」けれども失業している障害のある人も含めた人が、希望している就労するために必要とされる支援内容である。

もっとも多かったのは、「勤務時間の変更」の一六％であった。また次いで多かったのは「職種や職業の変更」と「業務内容の変更」の七％だった。障害別の特徴では、知的障害と精神障害の人では、「勤務時間の変更」がもっとも多かったが、知的障害のある人は、他の障害種別の人よりも、「パーソナル・アシスタントやジョブコーチ」の支援を求める人が多かった。視力や聴力障害のある人では「器具・機器の導入や改良」がもっとも多かった。

なお本調査では学歴も調べているが、結論的には、「学歴は、障害のある人のより大きなチャンスに関連しているが、障害のある人の就労の不利益を教育だけで説明することは不十分である」と述べていた。

3　ニュージーランド政府は障害施策をどのように評価しているのか

ニュージーランド政府は、毎年度、障害戦略の実施状況の年次報告を発表している。二〇一一年九月には、障害戦略の実施状況をまとめた「二〇一一年完全なインクルーシブ社会を達成する」と題した年次報告が公表された（以下、二〇一一年次報告）。

とくに二〇一一年次報告は、障害戦略にもとづいて、二〇一〇年一〇月に障害問題閣僚委員会が策定した「障害者行動計画」の到達点と成果をまとめたものである。この行動計画では、障害戦略の目標達成と権利条約の条項促進にもとづいて、以下の三分野が重点とされていた。

一つ目には、障害のある人に対して、柔軟性と選択肢の提供を備えた生活支援を実現すること。二つ目には、障害のある人が地域社会での自由な移動と情報へのアクセスを支援すること。三つ目には、障害のある人が賃金保障のある労働に就くための就労を支援すること。

また政府は、クライストチャーチの震災に伴うカンタベリー地域の復興についても、行動計画の上記の三つの重点課題の焦点とすることを追加していた。

ここでは、二〇一一年次報告にもとづいて、とくに前述の三つの重点課題を中心に、ニュージーランド政府が、障害施策の到達と課題をどのように認識しているかを紹介するが、政府の報告書だからといって、美辞麗句を並べ立てたものではなく、また表面的な「良いとこ取り」の報告書でもなかった。ニュージーランド政府自らが、真摯な姿勢で障害戦略や権利条約に照らして、障害のある人が抱えている問題や課題に、真正面から向き合っている姿勢がうかがえる。

●「柔軟性と選択肢の提供を備えた生活支援」についての評価

生活支援では、「支援提供の方法を変えつつある」とされていた。具体的には、保健省の施策として、「ベイ・オブ・プレンティ地方西部の都市タウランガで障害のある人の新たな支援モデルのテスト版を実施中」であり、このモデルは「支援の受け方及び生活の仕方に関する選択肢・管理を増加して、障害のある人の日常生活を支援すること」に焦点を当てている。専門的な評価担当者による評価だけでなく、自分自身で「支援による自己評価」を行なうことである。これを実施するために、初めて地元地域コーディネーターが任命され、すでに研修を実施し業務を開始している。

また保健省は、知的障害のある人の「行動支援サービス」のモデルケースのための評価プログラムを完成させた。その結果、全国的に一貫性、効果的で公平な制度として、新たなモデル事業の実施に力を入れることとしている。

●「地域社会での自由な移動と情報へのアクセス支援」についての評価

移動支援では、一人で公共交通機関を利用できない障害のある人に対して補助金付きのタクシー・サービスを実施しているが、このうち必要要件を満たした利用者には、通常料金の五〇％割引が適用されることになった。

二〇〇六年に制定した手話言語法によって手話を公用語としたが、二〇一一年次報告では、法改正ではなく、この法律を重点的にとりくむ必要性を主張した。あわせて二〇〇四年から実施されている、聴力及び言語障害のある人に対するテレフォンコミュニケーション・リレー・サービスは、初期のトライアルを経て二〇一〇年から本格化した。これによって聴覚障害のある人が手話を使用して、音声による電話利用者とコミュニケーションすることを可能にした。

二〇一一年、経済開発省は、ろう者、盲ろう者、言語・聴力障害のある人のコミュニティ生活のために、スプリント・インターナショナル・ニュージーランド社とリレー・サービス提供を結び、二〇一一年一〇月から実施している。

このリレー・サービスに導入が検討されている新たな施策は、「固定電話ネットワークもしくはインターネットを通じた字幕付き電話」、「携帯電話からのインスタント・メッセージ（テキスト・トゥ・スピーチと同様）」などが検討・準備されている。

●「賃金保障のある労働に就くための就労支援」についての評価

就労支援の新たなモデルとして「メインストリーム雇用プログラム」を開始した。このプログラムは、仕事の実務体験（オン・ザ・ジョブ・トレーニング）をしつつ賃金の支払いを受けるしくみである。社会開発省の雇用・所得保障局が所管し、賃金及びトレーニングに必要な公費を補助し、就労が定着した二年目からは、賃金補助金を五〇％から八〇％に増額することを決定した。

またこのプログラムの第一段階は、二〇一一年七月からオークランドで実施され、第二段階の二〇一二年度からは国内の他の地域でも実施している。前述したＡＰＥＴの障害給付と賃金で最低賃金を保障するとりくみは、この「メインストリーム雇用プログラム」を活用しているようだ。

●障害のある人の現実を直視する政府の姿勢

二〇一一年次報告には、その他にも障害戦略の行動計画の進捗状況、到達点や課題などが盛り込まれている。しかも政府の公文書であるにもかかわらず、今後の行動計画の課題を明らかにするために、障害のある人の置かれているありのままの現状を明記している。二〇一一年次報告は、二〇〇六年障害調査が浮き彫りにした、障害のある人には「一人暮らしが多く、年収が低く、国内の貧困な地域に暮している」ことや、「失業者が多く、個人所得が低く、パートナーがいることが少ない」こと、そしてこうした不利益が「女性、マオリ族、太平洋島しょ民族に多い」ことを改めて言及している。そのうえで、「障害のあるニュージーランド国民は、いまでも社会的差別と現実的障壁を経験している」ことを認めたうえで、政府の責務と国民の理解を強く呼びかけている。また、二〇一一年に予定していた定期の障害調査は、国勢調査の延期に伴って二〇一三年に実施するとしている。

さらに国務大臣で構成する「障害問題閣僚委員会」、各省庁のチーフ・エグゼクティブ（事務次官）で構成する「障害問題に関する長官グループ」、さらに社会開発省の障害問題担当局は、障害戦略の行動計画の進捗状況を監視する責務を負い、具体的な監視業務と相互牽制機能を二〇一一年次報告で明記している。

なお国連の権利委員会に対して、権利条約に定められた定期報告を二〇一一年三月に提出したことと、二〇一三年には国連の権利委員会の調査を受けることも二〇一一年次報告の末尾に表明していた。

4 ニュージーランド障害施策の直面する課題

さて、これまでみてきたニュージーランドの障害施策の課題について述べたい。ここでの課題整理は、あくまでもニュージーランドの視察によって得た情報や当事者・支援者、行政関係者のヒヤリングをもとに、ニュージーランド政府が実施した調査結果などを裏付けとして、筆者の主観によるものであることを前置きしておく。

●障害のある人とない人の所得格差

日本の疾病や機能障害にもとづく選別的な年金制度と異なり、ニュージーランドは、社会生活上の困難や社会的障壁を有するすべての障害のある人に対して障害給付が支給されている。しかし、障害のある人とない人では、明らかに所得格差が生じている。

二〇〇六年障害調査で明らかにされたように、障害のある人の約六五％が年収三万ドル（約二一〇万円）を下回っており、そのうち年収一万五千ドル（約一〇五万円）以下の人が約四〇％に及んでいる。それに対して、障害のない人の年収は三万ドル（約二一〇万円）以上の人が四四％となっていた。この格差の要因は、障害給付の給付額や制度上の課題だけでなく、就労収入にも大きな格差があった。

就労している障害のある人のうち四五％が年収三万ドル（約二一〇万円）未満であり、障害のない人は五八%が年収三万ドル以上だった。

さらに二〇一一年次報告も指摘しているように、低い年収は、女性、マオリ族、太平洋島しょの人たちに多い。

●制度内に残されている所得格差

また生まれながらの障害のある人の所得保障制度である障害給付と、事故やケガで障害を負った人に対する事故補償制度（ACC）による所得保障の格差である。

障害給付の金額は、政府が毎年度予算案の提案時期に更新されているが、ゆたかな暮らしには不十分な水準のようである。それに対して事故補償制度による所得保障は、障害を負う前の就労所得の八〇%が支給されるため、高収入であった人は、それに応じた高い保障水準が支給されている。ここにも大きな格差が生じてしまっている。

●医療・保健重視の精神障害施策

結論的には、精神障害のみの人は、ニーズ評価もさまざまな施策・サービスが、保健省の医療・保健施策の領域にとどまっていることである。

第5章の図表5-1でみたように、一九八〇年代から大規模入所施設の解体とともに、多くの大規模精神科病院の解体と地域移行がすすめられた。しかし、精神障害のある人たちの地域生活資源の不足から、多くの障害当事者、家族、支援者に過大な負担が生じたといわれている。

一九八〇年代に起きた傷害事件に対して、メイソン判事（K. Mason）は、精神保健システムの見直しの必要性と、地域精神保健サービスの不足を指摘する報告書を提出した。これを機に、一九九二年に精神保健法(Mental Health (Compulsory Assessment and Treatment) Act)が制定され、治療下にある患者の法的権利を定義し、精神病自体と犯罪や宗教などの問題を切り離して対応し、患者の権利を守ることが明文化された。ただし、これはあくまで精神医療の範囲における「患者」という定義にとどまった。

一九九六年には、再びメイソン判事から報告書が提出され、障害のある人の施策決定への参画、当事者視点によるシステムの継続的なモニタリング、さらに、精神保健への費用確保の必要性が指摘された。翌年に保健大臣直属の精神保健委員会(Mental Health Committee)から発表された「ムービング・フォワード(Moving forward)」では、障害当事者のストレングスに着目したリカバリーアプローチにもとづくサービス提供に重点を置くことが明文化された。保健や医療の範囲ではあるが、障害当事者が本来持っている力を尊重し、その人らしい生き方を支援するという方向性が政府によって明確に位置づけられたという点では、大きな前進であったといえるだろう。

なお、保健大臣直属の精神保健委員会には、精神障害の当事者を含む三名が委員として配属され、サービス提供者である地区保健委員会を、独自の立場から継続的にモニタリングする役割も担っている。

しかし、大規模精神病院の解体と、それに伴う地域移行が一気に進んだ一方で、地域の中での支援が届かず、ドラッグやアルコールへの依存からホームレス状態になっていく人もいるという話を聴いた。また地域生活支援を担うべきNGOも、医療・保健との連携というよりも、医療・保健の延長線での支援に偏っているように思われる。

精神障害のある人の支援が、医療・保健の範疇にとどまっていることは確認できたが、今回の視察では十分把握することができなかったため、今後の課題としたい。

●支援事業者に対する公費水準の低さ

ウェリントン、オークランド、そしてハミルトンを訪れ、就労支援や援助付き雇用、デイセンター、レジデンシャル・ハウスを視察してきたが、そこで働くすべてのスタッフに賃金を尋ねることはできなかった。またそれを確認するための統計的データを入手することもできなかった。しかし、多くのスタッフたちに十分な賃金は、保障されているのだろうかという疑問を拭えなかった。

たとえば、オークランドのＡＰＥＴで一四五人の障害のある人たちの就労・活動支援をわずか六人で支えている実態には驚いた。またハミルトンのグレースランドの決算書における人件費支出の約四五八万ドル（約三億二千万円）を、単純に約一〇〇人のスタッフ数で割り返すと、一人当たりの人件費は、年額約四万五八〇〇ドル（約三二〇万円）である。

じつは、レジデンシャル・ハウスの夜間勤務に対して、政府は一貫して公費を支給してこなかったという話を聞いた。長年にわたって労働組合が政府に要求しても解決しなかったため、労組は裁判所に提訴した。二〇一一年秋に裁判所は結審し、労組の全面的な勝訴という結果だった。政府は、その裁判の判決を受けて、二〇一一年七月に遡って、レジデンシャル・ハウスの夜間勤務に対する公費を支給することになったそうだ。この公費増額は、二〇一一年次報告にも詳細が記載されており、一年につき八五〇万ドル（約五億九五〇〇万円）が予算化された。

●旧制度利用者と新規利用者間の格差

第5章で紹介したように、ハミルトンのグレースランドに対する公費支給には大きな格差があった。援助付き雇用を利用する障害のある人一人当たりの社会開発省の公費は、年額五千ドル（約三五万円）であったのに対して、デイセンターを利用する障害のある人に対する保健省の公費は、年額一万五千～三万六千ドル（約一〇五万～二五二万円）というように、きわめて大きな差があった。この要因は、デイセンターへの保健省の公費が、じつは元大規模入所施設からの地域移行した人たちに対する公費であり、入所施設時代からの公費水準が継続支給されていたためであった。

「地域の学校を卒業して新規にデイセンターを利用した場合は、社会開発省からの公費になるが、その金額はいくらなのか」をたずねたが、グレースランドでは「特定しにくい」とのことだった。そのためグレースランドのデイセンター内での格差の実態は明らかにすることができなかった。

そこで、オークランドのデイセンターであるイースト・ゲート（East gate）でのインビューからデイセンターに対する社会開発省の公費を積算してみた。イースト・ゲートは、二八人の障害のある人が利用しているデイセンターだが、二八人すべて地域からの新規利用で、社会開発省からの公費補助だった。そこで確認した金額は、障害のある人一人当たりの公費は年額約五五〇〇ドル（約三八万五〇〇〇円）とのことだった。グレースランドの援助付き雇用より若干高い金額だったことからも、この金額が社会開発省から支給されるデイセンターへの公費水準ととらえて妥当であろう。

なお、イースト・ゲートの公費年額を概算すると約一五万四千ドル（約一千万円）となる。スタッフ数は一一人であったが、常勤スタッフは二人で、あとはパートタイムだというのも頷ける金額である。

このように大規模入所施設当時の保健省の旧制度と、社会開発省の新制度の間にはきわめて大きな格差が残されている。

5　権利条約批准にむけた日本国内の動き

日本はいま、権利条約の批准を目前に控えており、そのための国内法整備のための障害者制度改革（以下、制度改革）の途上にある。本節では、日本の制度改革の背景と経過を踏まえ、次節で批准国ニュージーランドから何を学ぶのかを考えたい。

●障害者自立支援法の見直しを求める運動が導いた障害者制度改革

障害者自立支援法（以下、自立支援法）の法案が国会に提案された二〇〇五年、多くの障害のある人や家族・関係者から不安や疑問の声があがった。その要因は、障害に伴う支援を利益とする応益負担制度と、要介護認定を原型とした障害程度区分認定制度の導入であった。同法が施行された二〇〇六年四月、課せられた応益負担の重さに、日本全国の障害のある人と家族たちに衝撃が走った。

ここでは、改めてそれらを詳しく振り返らないが、自立支援法の成立以降にひろがった同法の「見直し・出直し、廃止を求める運動」と、また二〇〇八年一〇月を皮切りに、全国一四の地方裁判所に七一人の原告が「自立支援法の応益負担は憲法違反である」と国を提訴した訴訟運動が、権利条約批准にむけた制度改革のスタート台を準備したことを確認しておきたい。

権利条約は、自立支援法が施行された二〇〇六年一二月に国連で採択されたことは、すでに「はじめに」

でも述べた。当時の日本政府・外務省は、二〇〇九年三月に国会での批准決議をあげようとした。しかし、多くの問題や欠陥を残した自立支援法や他の国内法が権利条約の理念・原則と乖離した状態のままの形式的な批准を望ましくないと多くの障害団体が政府にはたらきかけ、拙速な批准にストップをかけた。

二〇〇九年八月の総選挙で民主党を中心とした連立政権が発足し、連立政権の政権合意には、自立支援法の廃止と権利条約の批准をめざした制度改革の推進が盛り込まれた。同年一二月八日、政府は、内閣総理大臣を本部長とする障害者制度改革推進本部（内閣で構成）の設置を閣議決定し、そのもとに障害のある人や関係者によって構成する障害者制度改革推進会議（以下、制度改革推進会議）の設置と、制度改革の集中期間を五年と決定した。つまり日本政府は、国内関連法の改正を含めた制度改革を経た権利条約の批准期限を二〇一四年と定めたのである。

一方、自立支援法違憲訴訟団は、同法の廃止を方針とした政府・厚生労働省（以下、厚労省）との協議を経て、二〇一〇年一月七日、国（厚労省）と基本合意文書を交わした（基本合意文書では、政府と表記せずに国（厚労省）と表記された）。

基本合意文書に調印した国（厚労省）は、「応益負担制度を廃止し、遅くとも平成二五年（二〇一三年）八月までに、障害者自立支援法を廃止し新たな総合的な福祉法制を実施する」とともに、国は、応益負担の導入により「障害者の人間としての尊厳を深く傷つけたことに対し（中略）心から反省の意を表明」した。さらに国（厚労省）は、制度改革をすすめるうえで、「原告団・弁護団提出の要望書を考慮のうえ、障害者の参画のもとに十分な議論」を行なうことを確約した。

一四の地方裁判所で争われた訴訟は、この基本合意文書にもとづいて和解した。これによって二〇一〇年四月から、非課税世帯の応益負担の上限額ゼロ円が実現した。

この基本合意文書の締結を契機に、制度改革推進会議は本格的にスタートした。自立支援法の廃止と新法制定のみならず、権利条約の批准にむけた国内法の見直し・検討の議論が始まったのである。また二〇一〇年四月には、自立支援法の廃止方針に伴う新法の制定にむけた検討を行なうために、制度改革推進会議のもとに総合福祉部会を設け、障害当事者や家族、関係団体代表、学識経験者等五五人で構成された。

●権利条約批准をめざした制度改革

権利条約の理念・原則にもとづく日本の国内法全般を改革するためには、「医学モデルから社会モデルへの転換」や「障害のない人との平等」原則にもとづく権利の保障、合理的配慮の欠如を含む差別の定義と禁止のための法整備、そしてモニタリングのための監視体制の整備などが、主な着眼点になる。

こうした着眼点にもとづいて二〇一〇年一月から議論を開始した制度改革推進会議は、同年六月七日に「障害者制度改革の推進のための基本的な方向（第一次意見）」を推進本部である内閣に提出した。その第一次意見を踏まえた内閣は、同月二九日に以下の閣議決定を行なった。

① 障害者基本法改正案の二〇一一年通常国会提案をめざす
　権利条約にもとづく障害の定義や基本的施策の見直しを目的としている。

② 障害者総合福祉法案（仮称）の二〇一二年通常国会提案をめざす
　応益負担を原則とする自立支援法を廃止し、新法制定を目的としている。

③ 障害を理由とする差別を禁止する法案の二〇一三年通常国会提案をめざす
　権利条約にもとづく差別の定義と監視体制の法制化を目的としている。

④ 一一の個別分野における基本的方向と今後のすすめ方を提示

個別分野は、労働及び雇用、教育、所得保障等、医療、障害児支援、虐待防止、建物利用・交通アクセス、情報アクセス・コミュニケーション保障、政治参加、司法手続、国際協力の一一項目である。とくに就労支援、医療、障害児支援、コミュニケーション保障等は、総合福祉部会での検討も踏まえて二〇一一年・二〇一二年度内に結論を出すとしている。また教育基本法の改正の方向性を二〇一〇年度内に検討し、所得保障については公的年金制度の抜本的見直しと併せて検討し二〇一二年度内に結論を出し、交通アクセスについては交通基本法案（仮称）を二〇一一年度に法案提出を検討するなど、福祉に限らず他の領域の法制度の改革も視野に入れ、二〇一三年までの制度改革をめざしていた。

このように二〇一〇年六月の閣議決定では、二〇一四年の権利条約批准を射程に、障害のある人に関連する国内法全般の改革をすすめる政府の意思は明確だった。

●制度改革の現状と課題

ところが二〇一〇年の秋、障害者基本法の見直しをめぐる議論が大詰めを迎えた頃から、流れは変わり始めた。障害者基本法の障害の定義の社会モデルへの転換や、合理的配慮を含む差別の定義、福祉や医療に限らずコミュニケーション、教育、建築、交通などの個別の国内法制度と関連した議論がすすむと、猛烈な関係省庁からの異論・反論が表面化した。

その結果、二〇一一年通常国会に提出された障害者基本法の改正案には、制度改革推進会議の意見が部分的に反映したが、全体としてはこれまでの法律を踏襲する内容にとどまった。たとえば、障害の定義に「社会的障壁による制限」は盛り込まれたが、機能障害の列挙は残された。

また、手話も言語に含まれたが、「可能な限り」の前置き付きにとどまった。「差別の禁止」も盛り込まれたが、社会的障壁の除去についても「合理的な配慮がなされなければならない」という配慮努力の表現に変更された。

それだけではなかった。制度改革推進会議・総合福祉部会は、二〇一一年八月に自立支援法の廃止に伴う新法の骨格案として「障害者総合福祉法の骨格に関する総合福祉部会の提言」（以下、骨格提言）を発表したが、二〇一二年通常国会に提案された法案は、自立支援法の一部修正による障害者総合支援法案だった。骨格提言は、自立支援法訴訟団と国（厚労省）の基本合意文書と権利条約を指針に、部会員五五人全員が一致してまとめた提言であった。けれども、その大半が反映されないまま、障害者総合支援法案は二〇一二年通常国会で成立し、二〇一三年四月から施行された。

二〇一二年九月には、制度改革推進会議の差別禁止部会が「『障害を理由とする差別の禁止に関する法制』についての差別禁止部会の意見」を発表した。権利条約の批准にむけた制度改革の最中にあった二〇一二年一一月に衆議院は解散し、同年一二月一六日に総選挙が行なわれた。その結果、民主党政権は三年四か月の短命に終わり、自民党・公明党による新連立政権が成立した。

しかし、政権交代後の二〇一三年一月の通常国会においても、差別禁止法は法案化されていなかった。政府方針である二〇一三年通常国会での成立は、きわめて困難と思われていたところ、同年二月に入ってから、にわかに法案提出の動きが活発になり、二月末には政府内に「障害者施策に関するワーキングチーム」が発足され、差別禁止法の法案化に着手する動きが表面化してきた。同年五月の国会に、障害を理由とする差別の解消を推進する法律案（以下、差別解消法案）として提案された。名称の変更だけでなく、差別の定義が盛り込まれないなど多くの課題を残したが、二〇一三年通常国会で成立した。

政権政党が変わっても、二〇一〇年六月の権利条約批准をめざした制度改革の閣議決定は、政府方針として新政権は引き継がなければならない。まして二〇〇七年に国連において、批准の意思を表明する署名をしたのは、当時の自民党・公明党政権の高村外相であった。自民党・公明党新政権は、二〇一四年中の国会で権利条約批准決議をあげる責務を負っていることに変わりはない。また批准決議とあわせて、障害者基本法や障害者総合支援法、差別解消法をはじめ、所得保障制度、交通・情報アクセス・コミュニケーション保障など法制度全体を権利条約の水準から見直すべきである。

6 日本が学ぶべきこと

さて本章の最後に、ニュージーランドの障害施策から日本が学ぶべきこと、あるいは示唆されている課題について述べる。前述したように、ニュージーランドは北欧諸国のような高度な福祉国家ではなく、障害のある人たちの暮らしや就労にも、多くの課題を残している。では日本は、ニュージーランドから何を学ぶのか。

●国際条約に対する誠実な対応

一つ目は、権利条約の批准のあり方である。

これは障害者権利条約に限ったことではなく、ニュージーランドは国際条約をきわめて重く受けとめ、実質的な批准をするのに対して、日本は形式的もしくは受容的な批准にとどまることが多い。

日本国憲法の第九八条には、「締結した条約及び確立された国際法規は、これを誠実に遵守することを必要とする」と定めており、批准した国際条約は憲法に準ずる法的地位に位置付くのである。しかし日本の裁判所では、批准した国際条約を判決根拠とした判例はきわめて少ない。

また、一九八九年に国連が採択した「子どもの権利条約」を日本は一九九四年に批准した。ところが批准に伴って条約に準じた国内法を整備しなかった。さらに批准した締約国は、批准後一年、それ以降は五年に一度、国連・人権委員会に政府報告書を提出しなければならないにもかかわらず、二〇〇六年の三回目の日本政府の報告は二年後の二〇〇八年までずれ込んだ。しかも報告書に対する国連・人権委員会の総括所見が幾度も指摘していることを、日本政府は改善せずに報告書を提出している。国連からの指摘事項は、監視機関の欠如、貧困・障害・外国籍児童の就学率や、学校における暴力や虐待等のデータ報告等が欠如しており、国連は日本政府に対して「懸念を表明」している。

それに対してニュージーランド政府は、国際条約に対してきわめて誠実である。権利条約の批准に伴う国内法制度の整備や国連への報告は前述したとおりであるが、ここでは、難民救済について紹介する。

一九五一年に国連が採択した「難民の地位に関する条約」をニュージーランド政府は一九六〇年に批准した。それ以降、ニュージーランド政府は、多くの貧困・内乱紛争国からの難民を受け入れてきた。それを可能にしたのは、ニュージーランド移民法の難民認定制度に「批准した国連条約に照らして重篤な欠陥がある」と高等法院が指摘したため、同法を改正し難民受け入れとその定住促進が図られるようになったからである。

日本国憲法に「国際法規の遵守」を掲げるならば、日本政府も国内法を国際条約の水準に改正し、実質的な批准をすべきである。また司法は、憲法に準じた国内法として、批准した国際条約を審判の法的根拠とすべきである。そうでなければ国際条約を批准する意味は、まったくなきに等しい。

●誰も見捨てないセーフティネットの整備を前提に

二つ目は所得保障を基本とした社会保障制度のあり方である。

第3章で紹介したようにニュージーランドは、すべての国民に対して、セーフティネットとしての生活保障制度が前提にある。その支給額が十分ではないにしても、失業給付と疾病給付が国民のナショナル・ミニマム（最低生活保障水準）として位置づけられている。それとは別に、障害のある人とその家族に対しては、障害給付と住宅・障害手当が整備されている。障害給付の支給額も十分な水準でないことは指摘したが、障害給付がニュージーランドのナショナル・ミニマム（失業給付など）を下回ることはなく、また社会モデルにもとづく障害認定によって障害給付は、未就労や就労困難なすべての障害のある人に支給されている。

それに対して日本は、障害の範囲を制限することや、医学モデルによる障害等級判定のしくみ、そして障害基礎年金の支給開始年齢の制約などによって無年金・無給付の谷間が生じている。

また、二級の障害基礎年金はもちろんのこと、一級基礎年金であっても、日本のナショナル・ミニマムである生活保護費を下回ってしまい、障害のある人の所得保障は、国民の最低生活保障水準を下回る支給額になるという矛盾をきたしている。

日本が権利条約の実質的な批准をめざすうえでは、矛盾をきたしている選別的な社会保障・所得保障制度を根幹から見直すために、ニュージーランドの「誰も見捨てないセーフティネット」、すなわち普遍的な社会保障制度から学ぶべきである。

●社会モデルの徹底によって谷間・隙間をつくらない

三つ目には、法制度による谷間や隙間をなくすことである。

ニュージーランドは、社会モデルにもとづくニーズ評価によって、継続的に日常・社会生活上の支障や障壁が生じる人は、すべて障害を認定し、ニーズに応じた必要な給付と支援を行なうしくみになっている。もちろん前述したように、「十分な支援を得られない」という声や、「働きたい」と願う人がすべて就労に結びついているわけでないという当事者の訴えも、地域格差や資源不足などを背景に存在している。けれども制度によって選別することはしていない（図表終-8）。

ニュージーランドは、社会モデルの障害認定で、障害のある人は五〜六人に一人であり、障害の谷間は存在しない。日本は医学モデルの障害認定であるため、障害のある人は二〇人に一人にとどまり、難病など認定対象外の人が制度の谷間におかれてしまう。

またニュージーランドは、障害のある人はニーズ評価によって、本人同意のもとで支援の必要性を判定し、それに対する支援が提供される。日本は要介護認定を原型とした医学モデルの障害程度区分で、肢体不自由であっても自閉症であっても、本人の意思やニーズ、そして障害特性に関係なく障害程度区分が一方的に決められ、利用できる支援の種別と量が決められてしまう。

●分けへだてなく自らの選択でチャレンジできる制度

四つ目には、分けへだてなく自らの選択と決定で、チャレンジする機会を支援する制度である。

ニュージーランドは、援助付き雇用とデイセンター、またモデル事業として開始した障害給付と賃金をあわせて所得保障を行なう就労支援など複数の支援を選ぶことができ、利用期限もなければ利用者負担もない。

図表終-8　ニュージーランドと日本の制度の比較

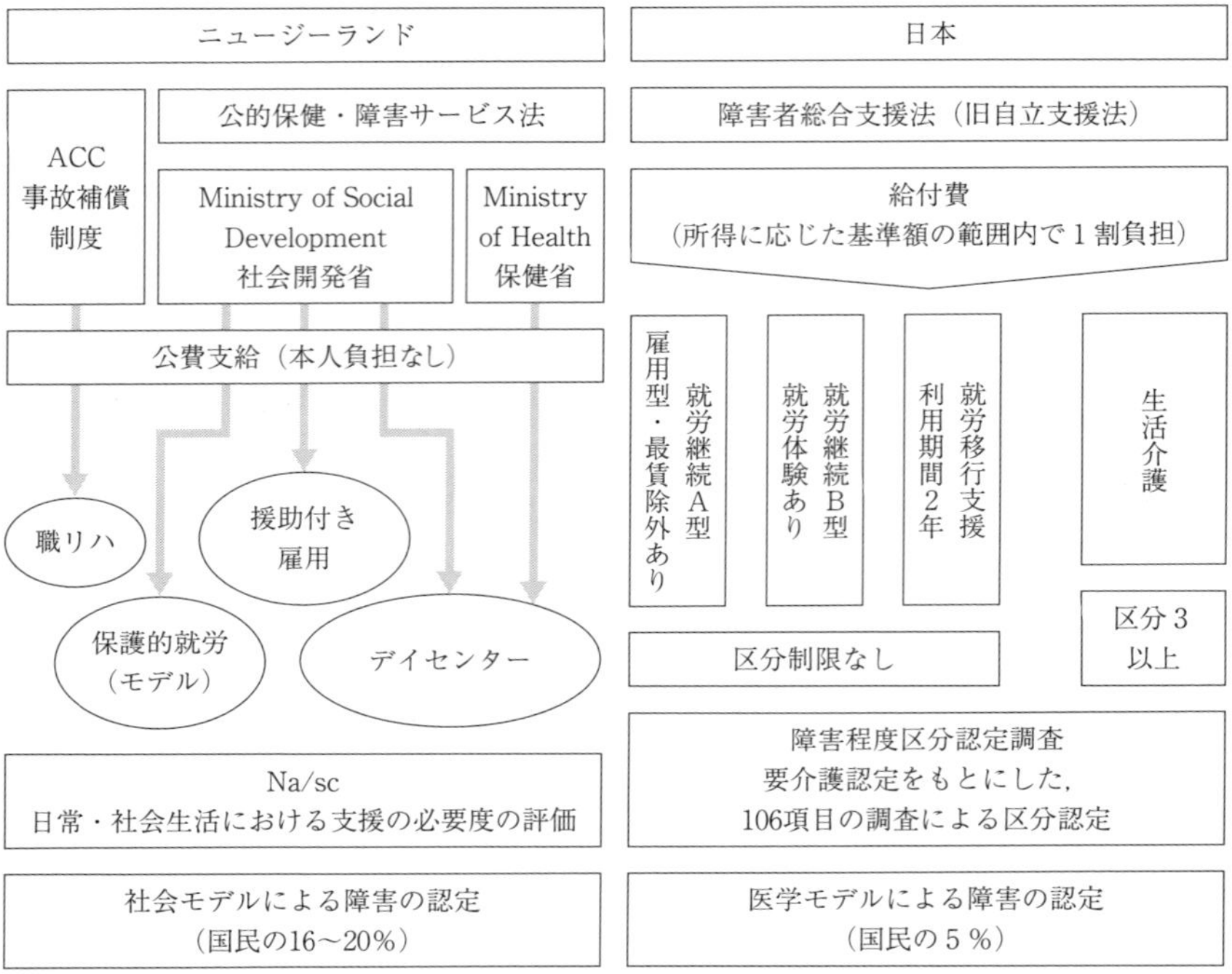

それらの支援に対する公費が十分でなく、格差が残されていることもすでに述べた通りである。

しかし日本の障害者総合支援法（旧自立支援法）による介護給付と訓練等給付には、制度上にさまざまな制約や制限が設けられている（図表終-8）。たとえば、生活介護事業は障害程度区分三以上であり、訓練等給付に程度区分の制限はないが、就労移行支援は二年の利用期限であり、就労継続支援B型は就労体験を利用条件とし学校新卒者は利用できない（二〇一五年度末までは経過措置）。

就労継続支援A型は最低賃金保障の雇用型だが、最賃除外も可能となっており、多くの就労継続A型はそれを適用している。しかも就労継続A・B型は、公的な給付額がきわめて低額である。複数の制度を日変わりで利用することはできるが、いずれの制度も、政省令で定められた所得に応じた基準額の範囲内で一割の利用料負担を支払わなければならない（現在の政省令では、非課税世帯の基準額は当面ゼロ円になっている）。

すなわち、ニュージーランドの障害施策は、分けへだてなく誰もがチャレンジすることを支援する制度となっているが、日本の障害施策は、障害程度区分によるハードルと、期限付き利用の選別性が制度の根幹にある。

●障害のある人たちや市民の政策決定・運営・監視への参画を

五つ目は障害のある人たちの政策決定・運営・監視への参画である。

「障害戦略」のディスカッションペーパーを作成した一五人諮問委員会にも多くの障害のある人たちが参画していたが、二〇〇一年に設置されたニュージーランド政府の社会開発省・障害問題担当局では、視覚障害のジュディ・スモールが障害問題担当官に就任している。またオークランドの社会開発省・雇用・所得保障局を訪ねたときにも、多くの障害のある人たちが専門職を担っていた。

さらに、政府の人権委員会における障害問題担当局の責任者には、ＤＰＡの会長であるポール・ギブソンが就任していた。この人権委員会は、年に一度、政府の政策・計画の執行状況ならびに国民への反映とその実態を報告書としてまとめ、政府に提出している。人権委員会の障害問題担当局も同じように報告書を作成しており、二〇一二年版報告書「障害のある人の真の権利をつくる」（Making disability rights real）は、一〇四ページに及び、障害戦略の行動計画の進捗状況の監視内容を報告している。

第５章で紹介したインクルーシブ教育の改革における学校運営理事会の設置と、その運営を教員、保護者、地域関係者で担うという点も、当事者の実質的な参画の一つの試みといえる。

市民の政策決定への参画という点で、まずあげられることは、選挙の投票率が常に約八〇％という高い水準にあることである。また国民投票制があり、国民に直接審判を仰ぐ重要な政策については、この投票に決定を委ねるしくみが実効性をもって実施されている点である。これは政策決定への参画や監視という意味もあるが、政府と国民との信頼関係がなければできないことである。

こうした成熟した民主主義によって下支えされている市民社会の部厚さに、日本はもっとも学ぶべき点があると考える。

（小野　浩）

注

（1）図表終-1障害種別の状況における障害分類については、以下のように解説されていた。

Mobility：以下をすることが難しいまたはできない。休憩なしで約三五〇メートル歩く、一連の階段を昇るまたは降りる、五キロの物を一〇メートル運ぶ、部屋から部屋へ移動する、または二〇秒以上立つ。

Agility：以下をすることが難しいまたはできない。床から物を拾うためにかがむ、衣類の着脱、自分の足の爪を切る、ハサミのような小さなものをつかむまたは扱う、どの方向にも伸ばす、自分の食べ物を切る、またはベッドから起きる。

Hearing：他の人との会話で言われていることを聞く難しさ、または聞くことができない。

Remembering：物事を継続的に覚えておくことの難しさ（例：長期または短期記憶の問題）。この難しさは、アルツハイマー病、頭部外傷、またはてんかんのような長期に継続する疾患または健康問題によるものであろう。

Psychiatric/psychological：コミュニケーション、社会的な交際、または同年代の人が通常できている日常活動をすることができない、または困難を引き起こす長期に継続した感情的な、心理的な、または精神的な疾患。

Seeing：正確な眼鏡をかけたとしても、通常の新聞を見ることと、または部屋の反対側から人の顔を見ることが難しいまたはできない。

Learning：知的能力に影響のある長期に継続する疾患または健康問題。一般的に、人が学ぶことを難しくさせる。

Speaking：長期に継続する疾患や健康問題によって、話すことまたは理解されることの難しさ。

Intellectual：団体からの支援の必要性：知的障害または〝ハンディキャップ〟のために、特別学校に以前在籍したまたは特別教育を受けていた。

Other：Mobility, Agility, Hearing, Seeing, Intellectual, Psychiatric/psychological, Speaking, Remembering, または Learning 障害以外のいかなる種別の障害。たとえば、慢性または反復する痛み、または息切れ。

参考文献

「二〇〇六年障害調査」（2006 Disability Survey）

「二〇〇六年障害とインフォーマルケア調査」（Disability and Informal Care in New Zealand in 2006）

「二〇〇六年障害と労働市場調査」（Disability and the Labour Market in New Zealand in 2006）

「二〇一一年完全なインクルーシブ社会を達成する」（Achieving a fully inclusive society 2011）*Disability issues,* Ministry of Social Development New Zealand, 2011

「障がい者制度改革推進本部の設置について」閣議決定、平成二一年一二月八日

「障害者自立支援法違憲訴訟原告団・弁護団と国（厚生労働省）との基本合意文書」平成二二年一月七日

「障害者制度改革の推進のための基本的な方向について」閣議決定、平成二二年六月二九日

日本ニュージーランド学会・東北公益文科大学ニュージーランド研究所（二〇一二）『「小さな大国」ニュージーランドの教えるもの』論創社

金井聡（二〇一二）「インクルーシブな地域づくりにむけてニュージーランドから学ぶこと――雇用支援や精神障害者施策を中心に」内閣府制作統括官（共生社会政策担当）『平成二三年度青年社会活動コアリーダー育成プログラム（第一〇回）派遣日本参加者報告書』八二〜八六頁
亀谷彰夫（二〇一二）「『完全なるインクルージョン社会』をめざすニュージーランドにおける障害児・者の就学から卒業の地域での暮らしから学び活かす」内閣府制作統括官（共生社会政策担当）『平成二三年度青年社会活動コアリーダー育成プログラム（第一〇回）派遣日本参加者報告書』八七〜九二頁
京俊輔（二〇一二）「就労支援におけるＮＰＯの役割と支援ネットワーク」内閣府制作統括官（共生社会政策担当）『平成二三年度青年社会活動コアリーダー育成プログラム（第一〇回）派遣日本参加者報告書』九三〜九九頁

あとがき

甚大な被害をもたらした東日本大震災直後、日本障害フォーラム（略称：JDF）の「みやぎ支援センター」の開設と、被災した障害のある人たちの支援活動にとりくんでいた最中、日本政府・内閣府から、二〇一一年度ニュージーランド派遣団長の委嘱を受けた。内閣府の青年国際交流事業では、高齢・障害・児童分野で活動する青年を対象に、「青年社会活動コアリーダー育成プログラム」の海外派遣を実施している。ニュージーランド派遣団は、この「プログラム」の障害分野の事業であり、同国派遣は二〇〇九年度から三度目だった。

しかし派遣団長の委嘱を受けたものの、クライストチャーチの大震災や国連の障害者権利条約（以下、権利条約）・特別委員会議長国であったことぐらいの知識しかなく、これまでニュージーランドの社会保障や障害施策を意識的に学んだことがなかった。派遣団員に選ばれた、障害福祉や教育・医療の現場で働く八人の青年には、「日本で得られる情報は、訪問国で質問すべきではない。そのためにも事前学習を徹底しよう」と、大見得を切ってしまった手前、できる限りの著書・論文を入手し、東京と被災地・宮城の往復バスの中で読み漁った。

未知だった南半球の小さな島国は、日本が満州事変や二・二六事件など第二次世界大戦前夜の暗雲に覆われつつあった時期、すでに先駆的な社会保障制度を実現していたなど、調べれば調べるほど知的好奇心を駆り立てられる国だった。その詳細は、本書の第1章で紹介した通りである。世界の先進国はもちろんのこと、日本も辿ってきた行財政改革を経たニュージーランドは、そこからの揺り戻し政策において新たな価値観を見出し、それがニュージーランド障害戦略の基礎になり、その成果が権利条約の制定にまで影響を与えた。その経緯は、第2章からの各章で詳述してきた。

八人の青年たちは、各自のテーマにもとづく情報をかき集め、訪問前にレポートを作成したうえで、疑問点を抽出し派遣に備えた。「権利条約を批准した国の障害施策の水準と内容」を探るために、二〇一一年十月、八人の青年とともに、首都ウェリントンの空港に降り立った。予定されていなかった訪問先やヒアリングを現地で急きょ依頼するなど、八日間の訪問期間は瞬く間に過ぎた。帰国後、一回の訪問ではどうしても満足できなかったため、二〇一二年二月に単独でニュージーランドをもう一度訪れ、今度はオークランドとハミルトンの二つの地域で障害のある人や支援者を訪ね歩いた。本書は、それら二回の訪問やその前後の資料収集の成果である。なおレジデンシャル・ハウスや医療、教育現場の視察は、決して十分ではなかったため、第5章は執筆者の事後調査の努力に負うところが大きい。

どんな先進国や先駆的な制度を実現した国であっても、光と影は必ずある。ニュージーランドは、先住民マオリに対する、ヨーロッパからの移民パケハによる略奪と殺戮の歴史を経ながらも、その歴史を批判的に乗り越え、違いを認め合う関係を築いてきた。そこで培われた思想がインクルージョンだった。もちろん、ワイタンギ審判所の設置やマオリ語を公用語にしたからといって、民族間の格差や差別が完全に解消された訳ではない。マオリの血を引くアラン・ダフ著の小説『ワンス・ウォリアーズ』は一九九〇年に発刊され、ベストセラーになり、ニュージーランド最優秀新人賞（ＰＥＮ賞）を受賞し、一九九四年には映画化された。この小説は、すべての国民に普遍的な社会保障制度が確立されている国であっても、パケハとマオリをへだてる高い壁と、貧困や格差の実情をリアルに描いている。そんなリアリティを実感するために、二度目の単独訪問を敢行したことで、障害のある人とない人との間に残された格差の実情を学ぶことができた。けれども、ニュージーランド政府の懐の深さは、こうした貧困や格差の実態を、政府自らが認め真摯に向き合う姿勢にあるといえる。

最後に、本書の出版にあたっては、多くの方のご協力を得た。まず内閣府の国際交流事業が本書出版の契機となったことである。また研修事業をコーディネートした財団法人青少年国際交流推進センターには、本書の原稿執筆にあたって、ニュージーランド政府ならびに関係機関への問い合わせや資料収集の助力をいただいた。訪問国ニュージーランドでは、温かく迎えてくれたタリアナ・トゥリア障害問題担当大臣をはじめ、社会開発省障害問題担当局及び関連局スタッフからは最新情報を提供していただいた。また研修団の受け入れを担当していただいたマンディ・フォーダイスさん、アニータ・ベリーさん、通訳の大森栄美子さんには、二度目の訪問でもお世話になり、資料や情報収集にご協力いただいた。さらに入手した英文資料の翻訳にあたっては、財団法人日本障害者リハビリテーション協会をはじめ、通訳・翻訳者の平野好子さん、きょうされん事務局の佐藤ふきさん、坂下共さんにお力添えいただいた。ミネルヴァ書房の北坂恭子さんからは、本書の構成や編集にあたって的確なアドバイスをいただいた。この場をかりて謝意を表したい。

本書が、障害のある人とその家族や支援者に権利条約批准の理解をひろげ、また日本政府の権利条約批准と国内法の改正にとって、好材料の情報提供になれば幸いである。

二〇一三年六月

監修者　小野　浩

や・ら・わ　行

欧　文

た　行

な　行

は　行

ま　行

さくいん

あ 行

か 行

さ 行

監修者紹介

小野　浩（おの・ひろし）

きょうされん常任理事，社会福祉法人ウィズ町田理事長。2011年度青年社会活動コアリーダー育成プログラム・ニュージーランド派遣団長。


主著：佐藤久夫編著『障害者プラン中間年と市町村障害者計画』（共著）群青社，1999年。

きょうされん編『小規模社会福祉法人通所授産施設開設のための総合ガイド』（共著）中央法規出版，2002年。

きょうされん編『共同作業所のむこうに』（共著）創風社，2012年。

編者紹介

障害福祉青年フォーラム（しょうがいふくしせいねんふぉーらむ）

障害福祉青年フォーラム（以下，「フォーラム」）は，内閣府の青年国際交流事業「2011年度　青年社会活動コアリーダー育成プログラム」のニュージーランド派遣研修（障害者関連）の派遣団によって発足した。フォーラムは，諸外国や国内の障害福祉についての情報交換や研修を行ない，上記「育成プログラム」等に参加した障害福祉に関係する青年のネットワークをひろげることを目的としている。2012年8月には，「障害福祉青年フォーラム2012 in 大分」を開催した。構成員は，阿部友輝＊，池田康弘（岡山県立岡山聾学校　教諭），金井聡（社会福祉法人　つくりっこの家　SW），亀谷彰夫（奈良県立明日香養護学校　教員），京俊輔＊，竹山孝明＊，手島有貴＊，横山由季＊である（2013年4月現在）。なお，阿部，京，竹山の3名が本書の編集世話人を務めた。＊は下段を参照。

執筆者紹介（所属，執筆分担，執筆順）

小《お》野《の》　浩《ひろし》（監修者紹介参照：はじめに，序章，第2〜4章（共著），終章，あとがき）

阿《あ》部《べ》友《ゆう》輝《き》（大分県庁，障害児余暇支援団体えいぶる・ねっと理事長：第1章，第3章（共著））

京《きょう》　俊《しゅん》輔《すけ》（国立大学法人島根大学法文学部社会文化学科准教授：第2章（共著），第4章（共著））

手《て》島《しま》有《ゆう》貴《き》（社会福祉法人立正福祉会相談支援専門員：第5章（共著））

竹《たけ》山《やま》孝《たか》明《あき》（宇高耳鼻咽喉科医院言語聴覚士：第5章（共著））

横《よこ》山《やま》由《ゆ》季《き》（広島市立広島特別支援学校教諭：第5章（共著））

新・MINERVA 福祉ライブラリー⑰
障害のある人が社会で生きる国 ニュージーランド
——障害者権利条約からインクルージョンを考える——

2013年8月15日　初版第1刷発行　　検印省略

定価はカバーに
表示しています

監修者　小野　浩
編者　障害福祉青年フォーラム
発行者　杉田啓三
印刷者　林　初彦

発行所　株式会社　ミネルヴァ書房
607-8494 京都市山科区日ノ岡堤谷町1
電話代表　(075)581-5191
振替口座　01020-0-8076

太洋社・清水製本

ISBN978-4-623-06692-6
Printed in Japan